वैज्ञानिकों की रोचक बातें

वैज्ञानिकों की रोचक बातें

दिलीप एम. सालवी

विद्या विहार, नई दिल्ली

प्रकाशक : विद्या विहार,
19, संत विहार (पहली मंजिल) गली नं. 2, अंसारी रोड, नई दिल्ली–110002
 / संस्करण : 2019 / मूल्य : तीन सौ रुपए
मुद्रक : जयलक्ष्मी प्रिंटिंग प्रेस, दिल्ली ISBN 978-93-82898-75-7

VAIGYANIKON KI ROCHAK BAATEN
by Shri Dillip M. Salwi ₹ 300.00
Published by **VIDYA VIHAR**, 19, Sant Vihar (First Floor),
Street No.2, Ansari Road, New Delhi-2

अपने मित्र और
शुभचिंतक
डॉ. प्रसन्ना कुमार पांडा
को सप्रेम समर्पित

प्रस्तावना

विज्ञान को हमेशा ही गंभीर विषय माना गया है और वैज्ञानिकों को गंभीर व्यक्ति। लेकिन क्या वैज्ञानिक भी मनुष्य नहीं हैं, जिनमें आम मनुष्यों की भाँति शारीरिक और नैतिक दुर्बलताएँ होती हैं ? मैंने पाया है कि ज्यादातर विज्ञान-लेखकों ने वैज्ञानिकों के इस पक्ष को महत्त्व नहीं दिया है, क्योंकि इसका विज्ञान से कुछ लेना-देना नहीं है; लेकिन मेरे विचार से वैज्ञानिकों का मानवीय पक्ष अन्य विधाओं से संबद्ध लोगों को विज्ञान, इसकी संस्कृति और इसमें दक्ष लोगों से अवगत कराने का अच्छा माध्यम हो सकता है। यदि इस पुस्तक को पढ़ने के पश्चात् अवैज्ञानिक लोग इसकी कुछ कहानियों, आख्यानों और पात्रों को मनोरंजन के साथ याद रखते हैं तो मैं समझूँगा कि उन्हें वैज्ञानिकों से अवगत कराने का मेरा उद्‌देश्य पूरा हो गया। और अगली बार जब किसी वैज्ञानिक या विज्ञान से उनका सामना होगा तो वे उसे अपनी समझ से परे समझकर ठुकराएँगे नहीं बल्कि उसकी ओर ध्यान देंगे।

विज्ञान विधाओं से संबद्ध लोगों के लिए यह पुस्तक आँख खोलनेवाली है। शायद ही कभी विज्ञान के छात्रों को विज्ञान के इस पक्ष से उनके शिक्षकों द्वारा परिचित कराया जाता हो। मेरी हार्दिक इच्छा है कि हमारे स्कूलों, कॉलेजों और विश्वविद्यालयों के विज्ञान शिक्षक इस पुस्तक में दी गई कहानियों, आख्यानों और वर्णित पात्रों को आत्मसात् कर विज्ञान से बोझिल अपने व्याख्यानों में इन्हें भी स्थान दें। इस प्रकार वे अपने अध्यायों या व्याख्यानों को विद्यार्थियों की रुचि के अनुसार मनोरंजक बना सकेंगे, जो आज विद्यार्थियों को विज्ञान की ओर आकर्षित करने के लिए बेहद जरूरी है। हालाँकि यह पुस्तक गैरविज्ञानी दृष्टिकोण से लिखी गई है, किंतु यदि यह विज्ञान के छात्रों को भी आकर्षित कर सके तो इसे लिखने का मेरा उद्‌देश्य पूरा हो जाएगा। पुस्तक में कुछ वैज्ञानिकों की मृत्यु के वर्ष की जगह खाली छोड़ दी गई है। उनके बारे में प्रामाणिक जानकारी के अभाव में ऐसा करना पड़ा है।

—दिलीप एम. सालवी

अनुक्रमणिका

आइंस्टीन, अल्बर्ट

प्रयोग करना पसंद नहीं

अल्बर्ट आइंस्टीन (1879–1955) ने जब स्विट्जरलैंड के ज्यूरिख स्थित कॉलेज में दाखिला लिया था, तब उन्हें शुरू-शुरू में प्रयोग करने में काफी दिलचस्पी थी; परंतु जब उनके भौतिकी के प्राध्यापक एच.एफ. वेबर ने ईथर के खिलाफ पृथ्वी की गति पर आधारित प्रयोग करने की अनुमति देने से इनकार कर दिया था, तभी से प्रयोगों में उनकी रुचि खत्म हो गई थी। वेबर ने उन्हें चेतावनी भी दी, 'तुम तेज हो, आइंस्टीन, बहुत तेज; मगर तुममें एक बड़ी गड़बड़ी है। तुम स्वयं को कुछ भी नहीं कहने देते हो।' प्रयोगात्मक कार्य नहीं करने की वजह से उसे वेबर ने लिखित चेतावनी दी। इसका परिणाम यह हुआ कि आइंस्टीन ने जहाँ कहीं भी भौतिकी के शिक्षक पद के लिए आवेदन किया वहाँ उन्हें ठुकरा दिया गया; जबकि उन दिनों भौतिकी के शिक्षकों की कमी थी।

इसी बीच उनके पिता के व्यापार में बहुत व्यापक नुकसान हुआ। उनकी शादी भी हो गई। इन दोनों ही स्थितियों का सामना करने के लिए उन्होंने सन् 1903 में बर्न स्थित एक पेटेंट कार्यालय में नौकरी कर ली। खाली वक्त में उन्होंने अपना पहला प्यार, यानी भौतिकी में सैद्धांतिक शोध जारी रखा।

बॉसगिरी के खिलाफ

विद्यार्थी जीवन में आइंस्टीन हुक्मरानी के माहौल के शिकार थे। म्यूनिख उनके स्कूल जिम्नेजियम में होनेवाली बेसिर-पैर की पढ़ाई से भी वे परेशान थे। पंद्रह वर्ष की आयु से ही उन्हें आधिकारिक रुख से चिढ़ हो गई थी। एक बार उनके एक शिक्षक ने उनसे कहा, 'आइंस्टीन! तुम्हारी उपस्थिति मात्र से पूरी कक्षा में मेरी अवमानना होती है।'

प्रेमपत्र में भी

बीस वर्ष की उम्र में अल्बर्ट आइंस्टीन मिलेवा के प्रेमपाश में बँधे थे। उन दिनों भी उसे प्रेमपत्र में समकालीन भौतिकी की समस्याएँ लिखा करते थे।

संगीत के कारण प्रेम

अल्बर्ट आइंस्टीन की दूसरी पत्नी एल्सा उनसे सापेक्षता के सिद्धांत की वजह से नहीं, बल्कि इसलिए आकर्षित हुई थी कि वे वायलिन पर मोजार्ट की धुन अच्छी तरह बजाते थे। संगीत ने हमेशा चिंतन और भौतिकी के सिद्धांत के हल में आइंस्टीन की मदद की। जब वे गहन शोध में डूबे रहते थे तो किसी से बात नहीं करते थे, बल्कि समय-समय पर वायलिन बजाया करते थे।

सफलता का सूत्र

एक बार एक अमेरिकी पत्रकार ने बर्लिन में आइंस्टीन से पूछा, 'डॉ. आइंस्टीन! सफलता के लिए सबसे बेहतरीन सूत्र क्या है?' आइंस्टीन ने उत्तर दिया, 'यदि A सफलता है, तो मुझे कहना चाहिए कि मेरा सूत्र इस प्रकार है—A = X + Y + Z, जहाँ X काम है और Y ···बजाना?'

'और Z क्या है?' पत्रकार ने अधीरता से पूछा। तुरंत जवाब आया, 'तुम्हारी जबान बंद रखना।'

नहाने के दौरान भी दिवास्वप्न

आइंस्टीन सोने के पूर्व अकसर स्नान किया करते थे। एक बार की बात है। वे एक घंटे तक नहाकर नहीं लौटे। उनकी पत्नी परेशान हो गई। वह बिना

दरवाजा खटखटाए स्नानघर में घुसी। वह विस्मित हो गई। उसने पाया कि आइंस्टीन साबुन पानी से भरे टब में लेटे हैं और गहरे चिंतन में डूबे हैं। पत्नी के आगमन से जब उनका सपना टूटा तो वे बोले, 'अरे! मैं सोच रहा था कि मैं अपनी डेस्क पर बैठा हूँ।'

मेरी पिकफोर्ड कौन है?

एक बार संयुक्त राज्य अमेरिका में एक थिएटर में सिनेमा देखने के लिए आइंस्टीन और उनकी पत्नी को आमंत्रित किया गया था। अचानक बीच में ही फिल्म रोक दी गई और थिएटर की बत्तियाँ जला दी गईं। उस सिनेमा की प्रसिद्ध अभिनेत्री वहाँ आइंस्टीन के पास आई और बोली, 'मेरा नाम मेरी पिकफोर्ड है। आपको व्यवधान पहुँचाने के लिए मुझे खेद है। दरअसल मैं आपसे हाथ मिलाने की बहुत इच्छुक थी।' आइंस्टीन ने नम्रतापूर्वक बुदबुदाकर हाथ मिलाया। सिने स्टार के जाने के बाद थिएटर में फिर से अँधेरा छा गया। आइंस्टीन अपनी पत्नी की तरफ मुड़े और पूछा, 'यह मेरी पिकफोर्ड कौन है?'

कोई उपहार नहीं

सन् 1954 में आइंस्टीन के पचहत्तरवें जन्मदिन पर संयुक्त राज्य अमेरिका की इमरजेंसी सिविल लिबरेशन कमेटी उनका अभिनंदन फूलों से करना चाहती थी। आइंस्टीन ने आमंत्रण को सीधा ठुकराते हुए कहा, 'तुम मेरे दरवाजे पर तभी फूल लेकर आ सकते हो, जब अंतिम आतंकी को सजा हो जाए। इसके पहले नहीं।' एक बार आइंस्टीन को इजराइल का राष्ट्रपति पद स्वीकार करने के लिए आमंत्रण मिला। वे बहुत ही उत्तेजित हुए। वे उठे और कमरे में बार-बार यह बोलते हुए टहलने लगे, 'यह बहुत ही असुविधाजनक है। बहुत ही असुविधाजनक।' बाद में उन्होंने वाशिंगटन स्थित इजराइल के राजदूत को बुलाया और उनसे अपना पक्ष स्पष्ट किया।

मेरा शोफर भी उत्तर दे सकता है

अपने सापेक्षता के सिद्धांत को समझाने के उद्देश्य से लोगों के बीच व्याख्यान देने के लिए अल्बर्ट आइंस्टीन को अकसर आमंत्रित किया जाता था। उनका

शोफर, जो उनकी गाड़ी चलाया करता था, इतनी बार उनका व्याख्यान सुन चुका था कि उसे याद हो गया था। एक बार मजाक के अंदाज में आइंस्टीन ने उसे अगली बार भाषण देने की सलाह दी। इसके लिए शोफर तुरंत तैयार हो गया। उन दिनों बहुत ही कम लोग आइंस्टीन के चेहरे से वाकिफ थे। इसलिए अगले व्याख्यान के मौके पर आइंस्टीन और शोफर ने अपनी भूमिकाएँ बदल लीं। शोफर तुरंत मंच पर गया और व्याख्यान देने लगा। आइंस्टीन सभागार की पिछली कतार में जाकर बैठ गए।

आइंस्टीन उसका व्याख्यान सुनकर भौंचक्के रह गए। शोफर ने शब्दश: उनका भाषण प्रस्तुत कर दिया था। इतने में एक व्यक्ति ने उठकर एक सवाल किया तो शोफर ने उत्तर दिया, 'अरे! इस प्रश्न का उत्तर तो मेरा शोफर भी दे सकता है।' और उसने पीछे बैठे हुए आइंस्टीन की ओर इशारा किया।

खोजना और मजे करना ही विज्ञान है

प्रिंसटन विश्वविद्यालय में घूमते हुए एक छात्रा की नजर अल्बर्ट आइंस्टीन पर पड़ी। वह यह देखकर विस्मित हो गई कि आइंस्टीन फव्वारे की फुहार को गौर से देख रहे थे। वे कभी अपना सिर इधर-उधर घुमाते और कौतुकपूर्ण मुद्राएँ बनाते, कभी हाथ ऊपर उठाते तो कभी नीचे गिराते। जब आइंस्टीन की नजर उस लड़की के परेशान चेहरे पर पड़ी तो उन्होंने उससे पूछा, 'क्या तुम इसे कर सकती हो? क्या तुम धारा को रोककर पानी की एक-एक बूँद को देख सकती हो?' फिर उन्होंने उसे करके दिखाया कि प्रवाह को समायोजित करने के लिए हाथ को किस प्रकार घुमाना चाहिए, ताकि स्ट्रोब इफेक्ट पैदा हो, जो बूँदों को स्थिर कर सके।' फव्वारे से हटते हुए उन्होंने कहा, 'यह कभी मत भूलना कि इसी तरह खोजना और मजे करना ही विज्ञान है।'

सबसे प्रसन्नकारी विचार

अल्बर्ट आइंस्टीन के मस्तिष्क में सबसे ज्यादा प्रसन्न करनेवाला विचार तब आया, जब सन् 1907 में बर्न स्थित अपने पेटेंट कार्यालय में वे बैठे थे। वह विचार यों था—यदि एक व्यक्ति स्वतंत्र रूप से गिरता है तो उसे अपना वजन नहीं महसूस होगा।' वे भौंचक्के रह गए। इसी साधारण विचार ने उन्हें गुरुत्वाकर्षण के सिद्धांत तक पहुँचाया।

जेल में सापेक्षता

फ्रेडरिक एडलर महान् वैज्ञानिक आइंस्टीन के पुराने मित्र और सापेक्षता के सिद्धांत के बड़े प्रशंसक थे। सन् 1916 के अक्तूबर महीने की बात है। एडलर एक होटल में घुसे और डेनमार्क के तत्कालीन प्रधानमंत्री काउंट स्टुर्ग्रव को गोली मार दी। उन्हें जेल में बंद कर दिया गया। सन् 1917 में उन्होंने जेल में ही सापेक्षता पर एक लंबा लेख लिखा, 'लोकल टाइम, सिस्टम टाइम, जोन टाइम' और उसकी प्रतियाँ आइंस्टीन तथा अन्य भौतिकीविदों के पास सलाह एवं टिप्पणी के लिए भेज दीं।

एडलर के परिवारवाले उसे जेल से बाहर निकालने के इच्छुक थे। वे चाहते थे कि इस लेख के आधार पर उन्हें पागल करार दिया जाए, ताकि जघन्य हत्या के अपराध से उन्हें छुटकारा मिल सके। उनका लेख मनोचिकित्सकों के पास जाँच के लिए भेजा गया। यद्यपि एडलर का मानना था कि यदि वे जेल से बाहर होते तो इस प्रकार का उल्लेखनीय काम मुमकिन नहीं था।

आइंस्टीन और अन्य भौतिकीशास्त्री इस लेख से उलझन में पड़ गए। वे एडलर की विद्वत्ता का अपमान यह कहकर नहीं करना चाहते थे कि यह काम असामान्य मस्तिष्क का है। दूसरी ओर इसी पर उनकी जिंदगी या मौत निर्भर थी। आइंस्टीन ने अपनी टिप्पणी दी कि यह काम बहुत ही कमजोर नींव पर टिका है।

अठारह महीने बाद एडलर जेल से रिहा हो गए। संभवत: एक प्रधानमंत्री की हत्या के इतिहास में यह सबसे ज्यादा रियायती दंड था।

❖

ऑनेस, हीके कैमेरलिंग

अपने लोगों को पंजों पर खड़ा रखनेवाला

सुपरकंडक्टिविटी की परिघटना के खोजकर्ता पुर्तगाली भौतिकीशास्त्री हीके कैमेरलिंग ऑनेस (1853-1926) बहुत कड़ी मेहनत करवानेवाले व्यक्ति थे। वे जब तक जीवित थे, उनके कनीय और प्रयोगशाला के सहायक उनसे डरते थे तथा सम्मान करते थे। सन् 1926 में लीडेन में उनकी मौत के बाद उनके शव को घोड़ा गाड़ी से पास के गाँव वूर्सचोटेन के कब्रिस्तान में दफनाने के लिए ले जाया गया। शोक व्यक्त करनेवालों में ज्यादातर उनके सहयोगी, कनीय और प्रयोगशाला

के तकनीकीकर्मी थे, जो शव के साथ-साथ गाँव तक आए थे। जैसे ही शव वाहन लीडेन छोड़कर गाँव में घुसा तो दौड़-भाग और पसीना शुरू हो गया। वाहन के साथ अपना साथ बनाए रखने के लिए उन्हें भी भागना-दौड़ना पड़ा। उन लोगों ने इस स्थिति को झेलकर कहा, 'मरने के बाद भी उसने जीवित व्यक्ति की भाँति दौड़ाते रखना जारी रखा।'

❖

आर्कराइट, रिचर्ड

आविष्कारक, जो लिख नहीं सका

ब्रिटेन के आविष्कारक रिचर्ड आर्कराइट (1732–1792) अपनी पूरी जिंदगी में कभी भी ठीक से लिख नहीं सके थे। उन्होंने एक ऐसी मशीन का आविष्कार किया था, जो रुई कात सकती थी। इस प्रकार उन्होंने वस्त्र उद्योग में क्रांतिकारी परिवर्तन की स्थिति ला दी थी।

वे कभी विद्यालय नहीं गए। बचपन में उन्होंने नाई की दुकान में काम किया। चूँकि वे बहुत ही ज्यादा शेखीबाज और अक्खड़ स्वभाव के थे। इसलिए व्यक्ति के रूप में उन्हें कभी पसंद नहीं किया गया।

❖

आर्किमिडीज

एक प्रतिभाशाली का अंत

यूनानी गणितज्ञ और आविष्कारक आर्किमिडीज (287–212 ई. पू.) के बेहतरीन सैन्य आविष्कारों की वजह से रोमवासियों को यूनानी शहर साइराक्यूज पर कब्जा करने में महीनों लगे। रोम के सैनिकों ने इस शहर को बुरी तरह लूटा और बरबाद किया। रोम की सेना के जनरल मार्सेलस ने अपने फौजियों को आदेश दिया कि आर्किमिडीज को गिरफ्तार करके ससम्मान उसके सामने पेश किया जाय।

आर्किमिडीज को पकड़ने के लिए भेजे गए सैनिक ने देखा कि वह समुद्र तट पर बैठा है और रेत पर खींची गई आकृतियों को देखकर गहरे चिंतन में खोया है।

जब सैनिक ने आर्किमिडीज को जनरल मार्सेलस की अदालत में चलने को कहा तो उसने अपने कंधे झटक दिए। बालू पर बनी आकृतियों को देखने के लिए सैनिक एक कदम आगे बढ़ा तो आर्किमिडीज ने रोबीली आवाज में कहा, 'जाओ, जाओ! मेरे वृत्तों को मत छेड़ो!' गुस्से में सैनिक ने अपनी म्यान से तलवार निकाली और आर्किमिडीज का कत्ल कर दिया।

❖

ऑह्म, जॉर्ज साइमन

प्रयोगों के लिए रोक

विद्युत् नियमों के लिए मशहूर जर्मन भौतिकीशास्त्री जॉर्ज साइमन ऑह्म जब पैंतीस वर्ष की अवस्था में थे, तब कोलोन कॉलेज में न्यूनतम वेतन पर शिक्षक का काम करते थे। उनके अंदर स्थानीय विश्वविद्यालय में शिक्षक के रूप में लगने की तीव्र उत्सुकता थी। मौलिक काम करना उन दिनों विश्वविद्यालय में शिक्षक बनने के लिए सबसे पहली जरूरत थी। इसी के मद्‌देनजर ऑह्म ने बिजली पर किए अपने प्रयोगों पर आधारित 250 पन्नों का एक लेख 'मैथेमेटिक मेजरमेंट्स ऑफ इलेक्ट्रिकल करेंट्स' विश्वविद्यालय में जमा कर दिया; मगर प्रशंसा करने की बजाय निर्णायकों और उनके सहयोगियों ने इससे असहमति और रोष जाहिर किया, क्योंकि उन्होंने बिजली पर प्रयोग किए थे। उन दिनों जर्मनी में (तब का बावेरिया) प्रयोग करने की मनाही थी, क्योंकि प्रयोग करना हीगेल के दर्शन की खिलाफत करना माना जाता था। एक निर्णायक ने तो विश्वविद्यालय के पास भेजी अपनी रपट में लिखा, 'इस तरह की नास्तिकता की वकालत करनेवाला भौतिकीशास्त्री भौतिकी पढ़ाने के योग्य नहीं है।'

परिणामतः कॉलेज में अध्यापकी से इस्तीफा देने के अलावा ऑह्म के पास कोई विकल्प नहीं बचा था।

❖

इवांस, ओलिवर

शीर्षक में परिवर्तन

अमेरिकी आविष्कारक ओलिवर इवांस (1755-1819) ने वाष्प से चलनेवाले पानी के जहाज़ और स्वचालित यंत्रों के निर्माण में अग्रणी भूमिका अदा की थी। उन्होंने पानी के जहाज के रख-रखाव और चालन पर आधारित एक पुस्तक लिखी, जिसका नाम रखा—'द यंग स्टीम इंजीनियर्स गाइड'। सन् 1800 के दशक की शुरुआत में इसके प्रकाशन के पूर्व उन्होंने इस पुस्तक का नाम बदलकर रख दिया—'द एबॉर्शन ऑफ द यंग स्टीम इंजीनियर्स गाइड'। अमेरिकी कांग्रेस ने पेटेंट अवधि चौदह वर्ष से इक्कीस वर्ष करनेवाले बिल को ठुकरा दिया था। इसी नाराजगी का इजहार उन्होंने किताब का नाम बदलकर किया था। वे दुःखी थे, क्योंकि स्टीम बोट के पेटेंट कराने के एक दशक बाद ही वे अच्छी-खासी रकम रॉयल्टी के जरिए कमा सकते थे।

❖

एंपीयर, आंद्रे मेरी

अंततः खुश!

फ्रांसीसी भौतिकीविद् आंद्रे मेरी एंपीयर (1775-1836) ने विद्युत् और चुंबकत्व के प्रयोगों में अग्रणी भूमिका निभाई थी। उनकी सेहत लगातार बिगड़ रही थी। वे अपनी जिंदगी से इतने दुःखी थे कि उन्होंने अपने मकबरे के पत्थर के लिए जो स्मृति लेख चुना वह था—अंततः खुश!

❖

एगैसिज, लुइस

समय की बरबादी नहीं

स्विस-अमेरिकी प्रकृतिवादी लुइस एगैसिज (1807-1873) स्विट्जरलैंड के अपने गृहनगर न्यूचैटल में इतने लोकप्रिय व्यक्ति थे कि उन्हें

भूगर्भशास्त्र पर व्याख्यान देने के लिए वहाँ हमेशा बुलाया जाता था। एक बार जब उन्होंने लोकप्रिय विज्ञान पर व्याख्यान देने में अपनी असमर्थता जाहिर की तो आयोजकों ने उन्हें आश्वस्त किया कि व्याख्यान के लिए उन्हें मानदेय राशि दी जाएगी। एगैसिज ने क्रोधित होकर जवाब दिया, 'मुझे प्रलोभित नहीं किया जा सकता। मैं पैसा बनाने के लिए अपना समय बरबाद नहीं कर सकता!'

❖

एटनासॉफ, जॉन वी.

प्रथम इलेक्ट्रॉनिक कंप्यूटर

अमेरिकी इंजीनियर जॉन वी. एटनासॉफ (1903) ने विश्व के प्रथम इलेक्ट्रॉनिक कंप्यूटर के संचालन के मूलभूत सिद्धांतों की रूप-रेखा सड़क किनारे के एक ढाबे में चाय पीने के दौरान बनाई थी। वे उस दिन काफी देर तक निरुद्देश्य गाड़ी चलाने के बाद ढाबे में चाय पीने के लिए रुके थे। उस कंप्यूटर का नाम रखा गया था ए.बी.सी.—एटनासॉफ बेरी कंप्यूटर।

❖

एडिंगटन, ऑर्थर स्टेनली

तीसरा कौन?

जब अल्बर्ट आइंस्टीन ने सापेक्षता के सिद्धांत का प्रतिपादन किया था, तब दुनिया में बहुत ही कम लोग इसे समझ सके थे। लंदन के रॉयल सोसाइटी के कार्यालय में एक गोष्ठी के बाद एक पत्रकार ने ब्रिटेन के प्रख्यात खगोल भौतिकीशास्त्री ऑर्थर एस. एडिंगटन (1882-1944) से संपर्क किया और कहा, 'वाह! प्रो. एडिंगटन! सापेक्षता को समझनेवाले विश्व के तीन लोगों में से एक आप हैं!'

एडिंगटन ने कहा, 'ओह! मुझे नहीं मालूम।'

पत्रकार ने कहा, 'कृपया विनीत न बनें, प्रो. एडिंगटन।'

एडिंगटन ने उत्तर दिया, 'अरे नहीं! बल्कि मैं चकित हो रहा हूँ कि तीसरा कौन है!'

'137' का आकर्षण

137 एक्सपेरिमेंटल कॉन्सटेंट है। यह एक जादुई अंक है, जो हाइड्रोजन स्पेक्ट्रम की संरचना से संबंधित है। यह अंक खगोल भौतिकीविद् और भौतिकीशास्त्री ऑर्थर एस. एडिंगटन को इतना आकर्षित करता था कि वो अपना हैट क्लॉक रूम के इसी नंबर की खूँटी पर टाँगते थे।

❖

एडिसन, थॉमस एल्वा

समाचार-पत्र बेचनेवाला बच्चा एडिसन

महान् अमेरिकी आविष्कारक थॉमस एल्वा एडिसन (1847-1931) को प्रयोगशाला स्थापना के पूर्व, प्रयोग के उपकरण, किताबें और रसायन खरीदने के लिए धन कमाने हेतु कई तरह के छोटे-छोटे काम करने पड़े थे। बचपन में समाचार-पत्र और पत्रिकाएँ, कैंडी, फल और यहाँ तक कि सब्जियाँ भी बेचा करते थे। एक बार तो उन्होंने अपना समाचार-पत्र 'वीकली हेरॉल्ड' भी शुरू किया था। दूसरे समाचार-पत्र विक्रेता और एडिसन में अंतर यह था कि एडिसन हमेशा अपना खाली समय पुस्तकालय में अच्छी पुस्तक पढ़ने में बिताया करते थे।

कृतज्ञता में

एडिसन के प्रथम नियोक्ता माउंट क्लेमेंस के स्टेशन मास्टर थे। उनके तीन वर्षीय पुत्र जिम्मी की जान बचाने की एवज में उन्हें टेलीग्राफी का कौशल सिखाया गया था। जिम्मी रेलवे की पटरियों पर अपनी सुरक्षा की परवाह किए बिना बढ़ा चला जा रहा था और उसी पटरी पर गाड़ी आ रही थी।

एडिसन की नोटबुक

एडिसन अपने काम का लेखा-जोखा नोटबुक में दर्ज करते थे। अपने जीवनकाल में उन्होंने तीन हजार नोटबुक्स भर डाली थीं। इन नोटबुक्स में उनके एक हजार पेटेंटीकृत आविष्कारों का सिलसिलेवार वर्णन था।

खाना और सोना टुकड़ों में

एडिसन खाना और सोना टुकड़ों में किया करते थे, क्योंकि काम के कारण उनकी व्यस्तता ज्यादा थी। अपनी प्रयोगशाला में ही किताबों का तकिया बनाकर वे सो जाते थे। प्रयोगशाला में वे यंत्रों और औजारों से घिरे रहते थे। वे थोड़ी-थोड़ी देर में थोड़ा-थोड़ा बिस्किट आदि खा लिया करते थे, क्योंकि यह पचने में आसान होता था।

कारागार के रूप में प्रयोगशाला का परिवर्तन

थॉमस एल्वा एडिसन ने एक बार अपनी प्रयोगशाला का दरवाजा बंद कर दिया था, ताकि उनके कामगार बिना काम पूरा किए चले न जाएँ। कुछ कामगारों की पत्नियाँ प्रयोगशाला के बंद दरवाजे तक यह निवेदन करने आईं कि उनके पतियों को छोड़ दिया जाए। उन्होंने खिड़की से अपने पतियों को भोजन और पानी भी चोरी-छिपे पहुँचाया, मगर एडिसन अपनी बात पर अड़े रहे। वे तब तक नहीं माने जब तक समस्या का समाधान मिल नहीं गया और काम पूरा नहीं हो गया।

नोबल पुरस्कार पाने में चूक गए

यदि निकोला टेस्ला तैयार हो जाते तो बिजली के बल्ब और फोनोग्राम के आविष्कारक एडिसन को टेस्ला के साथ संयुक्त रूप से नोबल पुरस्कार मिलता। चूँकि टेस्ला को एडिसन के साथ काम करने का बुरा अनुभव था, इसलिए वे नहीं चाहते थे कि उनका नाम एडिसन के साथ जुड़े। इसलिए उस वर्ष उन दोनों की बजाय किसी तीसरे व्यक्ति को नोबल पुरस्कार मिला, जो उतना ख्यातिप्राप्त नहीं था।

❖

एर्लिक, पॉल

सपनों का रसायनशास्त्र

जर्मन रसायनविद् और कीमियागिरी के जनक पॉल एर्लिक (1854-1915) बाल्यकाल से ही मौलिक वैज्ञानिक चिंतन किया करते थे। एक बार स्कूली

दिनों में उनसे 'जीवन—एक सपना' विषय पर निबंध लिखने को कहा गया। उन्होंने लिखा कि चूँकि जीवन ऑक्सीकरण की एक प्रक्रिया की तरह है, इसलिए स्वप्न देखना मस्तिष्क में घटित होनेवाली मस्तिष्कीय प्रदीप्ति की भाँति रासायनिक प्रक्रिया होनी चाहिए। विज्ञान न पढ़ानेवाले उनके शिक्षकों को यह जवाब अधूरा और अपर्याप्त लगा। अतः उसे कम अंक दिए।

❖

ओरस्टेड, हेंस क्रिश्चियन

सबसे ज्यादा प्यार किया जानेवाला

बच्चों के लिए रोचक कहानियाँ लिखनेवाले प्रख्यात कथाकार हेंस क्रिश्चियन एंडरसन ने एक कहानी लिखी। इसका शीर्षक था—'द क्लॉक'। इस कहानी में उन्होंने अपने देशवासियों और राजकुमार के रूप में ऑस्ट्रिया के मशहूर भौतिकीशास्त्री हेंस क्रिश्चियन ओरस्टेड (1771-1851) को दरशाया है। इस कहानी में एंडरसन भी एक गरीब बच्चे की भूमिका में हैं। ओरस्टेड ने बिजली और चुंबक के बीच संबंधों की पहले-पहल तलाश की थी और उनके बीच संबंध स्थापित किया था। ओरस्टेड के बारे में एंडरसन कहते थे, 'वही वह व्यक्ति है, जिसे मैंने खूब चाहा और प्यार किया।'

❖

कारमैन, थियोडोर वॉन

मुझे लगता है, आप जनरल एंडरसन हैं

अमेरिका के सैद्धांतिक भौतिकीशास्त्री थियोडोर वॉन कारमैन (1881-1963) ने सुपरसोनिक प्रवाह और विक्षोभ (फ्लो एंड टर्बुलेंस) के क्षेत्र में अपना वैज्ञानिक योगदान दिया था। वे किसी भी अपरिचित व्यक्ति से गलियों में मिलते, चाहे वह टैक्सी चालक हो या बार परिचारिका, सबके साथ हास्य-विनोद करते। जब भी किसी एयरफोर्स के जनरल से मिलते तो उनका स्वागत करते हुए कहते, 'मुझे लगता है कि आप जनरल एंडरसन हैं! कहिए, आप कैसे हैं?'

अकसर जनरल जवाब देते, 'अरे नहीं! मैं जनरल एंडरसन नहीं हूँ, मैं

तो···हूँ।'

तब कारमैन कहते, 'अच्छा! ऐसा है! मुझे माफ करेंगे, मैंने···' मैं जनरल एंडरसन नाम के तीन व्यक्तियों को जानता हूँ। इसलिए जब मैं एयरफोर्स के जनरल से मिलता हूँ, जिसका नाम मैं भूला रहता हूँ, तो मैं अपना विश्वास पक्का करने के लिए जनरल एंडरसन कहकर पुकारता हूँ।'

थियोडोर आजीवन कुँआरे रहे, मगर उनके कई प्रेम-प्रसंग थे और कई महिला मित्र भी थीं। एक बार उन्होंने कहा, 'मैं किस प्रकार मरना चाहता हूँ—यह मैंने तय किया है। जब मैं पचासी वर्ष का हो जाऊँ, तब मैं ईर्ष्या करनेवाले पति के हाथों गोली से मारा जाऊँ।'

❖

कार्डानो, गिरोलेमो

ज्योतिषशास्त्र को सही साबित करने की कोशिश करनेवाला मध्य युगीन इटली का गणितज्ञ गिरोलेमो कार्डानो (1501-1576) एक ठग, जुआरी और बदमाश था। कई अपराधों के लिए उसे अनेक बार जेल भेजा गया था। यद्यपि उसे ज्योतिषशास्त्र में विश्वास था; यहाँ तक कि उसने ईसा मसीह की जन्मपत्री बना डाली थी। इसी वजह से उसे जेल जाना पड़ा था। गणितीय क्षमताओं का उपयोग करके उसने अपनी जन्मपत्री बना डाली थी और अपनी मौत की तिथि भी तय कर दी थी; परंतु घोषित तिथि पर उसने खुद को भला-चंगा पाया। उससे यह बरदाश्त नहीं हुआ और उसने स्वयं को मार डाला।

❖

कार्वर, जॉर्ज वाशिंगटन

दुर्लभ सम्मान

संयुक्त राज्य अमेरिका के मिसौरी के डायमंड ग्रोव के निकट एक बाग में सन् 1953 में एक राष्ट्रीय स्मारक बनाया गया। इसी जगह अश्वेत अमेरिकी वैज्ञानिक जॉर्ज वाशिंगटन कार्वर (1864-1943) का जन्म हुआ था। यह किसी वैज्ञानिक को प्राप्त होनेवाला दुर्लभ सम्मान था। कार्वर वनस्पतियों से बड़ी संख्या में

कई तरह के नए उत्पाद बनाने के लिए मशहूर हैं। उदाहरण के लिए, मात्र मटर के पौधे से उन्होंने तीन सौ प्रकार की सिंथेटिक सामग्रियों के साथ-साथ रंग, साबुन, दूध और पनीर की तरह के पदार्थ विकसित किए थे।

❖

किरचॉफ, गुस्ताव

सूरज से सोना

सन् 1860 में जर्मन भौतिकीशास्त्री गुस्ताव किरचॉफ ने सूरज के स्पेक्ट्रम का अध्ययन करके बताया कि सूरज में मौजूद स्वर्ण सहित अन्य तत्त्वों की पहचान करना संभव है। इस खोज से किरचॉफ का बैंकर प्रभावित नहीं हुआ। उसने कहा, 'सूरज में मौजूद सोने का क्या महत्त्व, अगर तुम उसे धरती पर नहीं उतार सकते हो?' किरचॉफ सिर्फ मुसकराए। उन्होंने कोई उत्तर नहीं दिया। मगर कुछ वर्षों के बाद एक ब्रिटिश अकादमी ने उनकी खोज के लिए उन्हें स्वर्णजड़ित पदक से सम्मानित किया। किरचॉफ ने इसे अपने बैंकर के हाथों में सौंपते हुए कहा, 'यह है सूरज से आया सोना!'

❖

कुक, जेम्स

नरभक्षियों के आहार बने

ब्रिटेन के जेम्स कुक (1728-1779) विश्व के पहले वैज्ञानिक खोजी थे। उन्होंने कई द्वीपों को खोजा था। उन्होंने सूर्यग्रहण और शुक्र का पारगमन देखा। उन्होंने अंटार्कटिका तक की यात्रा की थी। हवाई द्वीप पर वहाँ के निवासियों ने एक मुठभेड़ में उन्हें मार डाला और फिर खा गए।

❖

कुस्ट्यू, जैक्स-चेस

जल-मानव

फ्रांस के जैक्स-चेस कुस्ट्यू (1910-1997) जल-फुफ्फुस के आविष्कारक, समुद्र खोजी, पर्यावरणवादी और फिल्म निर्माता थे। जमीन पर उनके पाँव कम ही टिकते थे। उनका ज्यादातर समय गहरे समुद्र में अपने खोजी जहाज 'कैलिप्सो' पर गुजरता था। उन्हीं के जरिए समुद्री अभियानों के रोमांचक किस्से, समुद्र के आश्चर्यजनक तथ्य, समुद्री प्रदूषण की विस्तृत जानकारियाँ और उसकी संरक्षण की जरूरतों की बातें दुनिया भर में पहुँचीं।

❖

केपलर, जोहांस

पहला प्रामाणिक विज्ञान गल्प

सूरज के चारों ओर ग्रहों के अंडाकार पथ से संबंधित नियमों के निर्माण के लिए जर्मन खगोलशास्त्री जोहांस केपलर (1571-1630) प्रख्यात हैं। केपलर एक बेहतरीन विज्ञान-कथा लेखक भी थे। अपने उपन्यास 'सोमनियम' में उन्होंने सपने में एक मनुष्य की चंद्रमा-यात्रा का वर्णन किया है। पहली बार किसी विज्ञान-कथा में चंद्रमा और उसके धरातल का वर्णन किया गया था। यह किसी वैज्ञानिक द्वारा लिखी जानेवाली पहली प्रामाणिक विज्ञान-कथा थी।

❖

केल्विन, लॉर्ड

प्रथम प्रयोगशाला का निर्माण

जब ब्रिटिश भौतिकीशास्त्री लॉर्ड केल्विन (1824-1907) शिक्षक के रूप में ग्लासगो विश्वविद्यालय गए तो उन्होंने एक कमरे की माँग की, जहाँ वे प्रयोग कार्य कर सकें, परंतु विश्वविद्यालय में शराबखाने के तलघर के अलावा कोई कमरा

खाली न था। यही तहखाना उन्हें आवंटित किया गया, जहाँ उन्होंने ब्रिटेन में पहली आधुनिक वैज्ञानिक प्रयोगशाला स्थापित की। वे प्रारंभिक कंप्यूटर वैज्ञानिकों में गिने जाते हैं। वे भौतिकी के बेहतरीन शिक्षक थे। विषय में रुचि बढ़ाने के लिए वे छात्रों के बीच बाजा बजाते, साबुन के बुलबुले बनाते, गोलियाँ छोड़ते— यानी हर प्रकार के दिमागी और शारीरिक करतब करते थे। ऐसा कहा जाता है कि विद्यार्थियों के बीच प्रदर्शन करते हुए उन्होंने कई खोजें की थीं।

केल्विन कौन है?

तापमान के केल्विन पैमाने का नामकरण लॉर्ड केल्विन के नाम पर हुआ है। केल्विन का असली नाम विलियम थॉम्सन था। इंग्लैंड में ग्लासगो के पास बहनेवाली नदी का नाम भी केल्विन है। 'टाइड प्रेडिक्टर' का आविष्कार करने और ऊष्मागतिकी (थर्मोडायनॉमिक्स) में अमूल्य योगदान करने के लिए सन् 1892 में थॉम्सन को 'लार्ग्स के बैरॉन केल्विन' की उपाधि मिली।

———— ❖ ————

कैंटॉर, जीऑर्ग

अपने शिक्षक का शिकार

जर्मन गणितज्ञ जीऑर्ग कैंटॉर (1845–1918) के पूरे जीवनकाल में स्नायु संबंधी दौरा पड़ता रहा था। कालांतर में उनकी मौत मानसिक आरोग्यशाला में हो गई थी। उनके समकालीन गणितज्ञों ने उनके अनंत और पारसीमित (ट्रांसफाइनाइट) संख्या संबंधी विचारों को स्वीकार नहीं करते थे। प्रख्यात फ्रांसीसी गणितज्ञ हेनरी प्वाएनकेअर (1854–1912) कैंटॉर के ट्रांसफाइनाइट संख्याओं के विचार के बारे में मानना था कि यह एक रोग है, जिससे गणित एक दिन मुक्त हो जाएगा। कैंटॉर के अपने शिक्षक लीयोपॉल्ड क्रोनेकर, जिनकी तत्कालीन गणितज्ञों पर धाक थी, उसे वैज्ञानिक धूर्त, गद्दार और युवाओं को भ्रष्ट करनेवाला समझते थे। उन्होंने पूरी कोशिश की कि कैंटॉर को अध्यापन का कोई मौका न मिले और किसी भी पत्रिका में उसके शोधपत्र न छपें।

———— ❖ ————

कैवेंडिश, हेनरी

शर्मीला वैज्ञानिक

ब्रिटेन के रसायनज्ञ और भौतिकीविद् हेनरी कैवेंडिश (1731–1810) बहुत ही शर्मीले स्वभाव के व्यक्ति थे। वे लोगों से मिलने-जुलने की बजाय शोधकार्य करना ज्यादा पसंद करते थे। दरअसल उन्हें यदि किसी व्यक्ति से बात करनी होती तो वे हकलाने लगते थे। उन्हें महिलाओं से भय होता था और उनसे वे दूर ही रहना पसंद करते थे। जब घरेलू काम करनेवाली को नजरअंदाज करना मुश्किल हो गया तो उसे परची लिखकर निर्देश देते। ऐसा कहा जाता है कि सिर्फ एक बार उन्होंने भड़की हुई गाय से एक महिला की रक्षा की थी, जब वे एक शाम को अकेले टहल रहे थे। शर्मीले स्वभाव के कारण वे विज्ञान की बेसिक डिग्री भी नहीं पा सके थे। चूँकि इसके लिए उन्हें जाँच परीक्षा और साक्षात्कार में शामिल होना पड़ता था।

❖

कोच, रॉबर्ट

जन्मदिन के उपहार ने उन्हें अमर बना दिया

जर्मनी के रॉबर्ट कोच (1843–1910) सूक्ष्म जीवों (माइक्रोब्स) के जबरदस्त खोजी थे। उन्होंने सूक्ष्मदर्शी की मदद से कई खतरनाक बीमारियों के सूक्ष्मजीवियों के उद्गम की तलाश की थी। उन्होंने सूक्ष्मदर्शी की मदद से तलाश तब शुरू की जब इसे उनके जन्मदिन पर उनकी पत्नी ने उन्हें उपहारस्वरूप दिया था।

❖

कोपरनिकस, निकोलस

कड़ी मेहनत उपहास में बदल गई

उनहत्तर वर्ष की आयु में जब पोलैंड के खगोलविद् निकोलस कोपरनिकस (1473–1543) ने महसूस किया कि उनकी मृत्यु निकट है, तब उन्होंने ब्रह्मांड

के क्रांतिकारी सिद्धांतोंवाली अपनी पुस्तक 'डी रिवोल्यूशनिबस' (ग्रहों की परिक्रमा के बारे में) प्रकाशित करने का निश्चय किया, परंतु प्रकाशन के काम में अधिक उम्र की वजह से अक्षम होने के कारण इसकी जिम्मेवारी अपने मित्र कल्म के बिशप, टाइडमैन जिसियस को सौंपी। जब पुस्तक प्रकाशित हुई और उसकी एक प्रति कोपरनिकस के पास पहुँची, तब वे मृत्युशय्या पर थे। वे सिर्फ आँख खोल पाए। ज्यों ही उनकी नजर पुस्तक की विचित्र प्रस्तावना पर पड़ी, वे चकित रह गए। वहाँ लिखा था, 'यह पुस्तक वैज्ञानिक तथ्यों के लिए नहीं, बल्कि मजेदार कल्पना की अभिव्यक्ति के लिए लिखी गई है।' यह उनके लिए बड़ा झटका था। उनकी वर्षों की मेहनत मजाक में बदल गई थी, यह सोचते हुए कुछ ही दिनों बाद उनकी मौत हो गई थी। उन्हें नहीं मालूम था कि यह पुस्तक एक दिन विज्ञान में क्रांति लाएगी।

❖

कोवालेव्स्काया, सोफिया वासिलएवना

नकली शादी

रूसी गणितज्ञा सोफिया कोवालेव्स्काया (1850-1891) को गणित पढ़ने में बड़ी रुचि थी। उन्हें गणित में योगदान करनेवाली पहली महिला होने का सम्मान प्राप्त है। जारकालीन रूस में लड़कियों या महिलाओं को उच्च शिक्षा प्राप्त करने की अनुमति नहीं थी। इस कारण उन्होंने सन् 1868 में विज्ञान पुस्तकों के एक प्रकाशक ब्लादिमिर कोवालेव्स्काया के साथ नकली शादी रचाई, ताकि अपने 'पति' के साथ विदेश यात्रा कर सकें और जर्मनी में गणित का अध्ययन कर सकें।

रूसी क्लासिक

सोफिया कोवालेव्स्काया अपना खाली समय बचपन की यादों को लिखने में गुजारती थी। यह लेखन-कार्य 'ए रशियन चाइल्डहुड' नामक उपन्यास के रूप में सामने आया। सन् 1889 में इस पुस्तक ने रूसी साहित्य में श्रेष्ठ होने का दरजा पाया। 'ए निहलिस्ट गर्ल' नामक एक अन्य उपन्यास में उन्होंने अपनी बड़ी बहन का रूपायन प्रमुख चरित्र के रूप में किया था। जारकालीन रूस में इस पुस्तक को प्रतिबंधित कर दिया गया था। महिलाओं के अधिकारों और उनकी आजादी के विचारों को बढ़ावा देने का आरोप इस पुस्तक पर लगा था।

क्यूरी, मेरी

मात्र प्रयोगशाला तक ही सीमित नहीं

मेरी क्यूरी (1867-1934) ने रेडियम की खोज की थी। उन्हें दो नोबल पुरस्कार मिले थे। वह सिर्फ प्रयोगशाला में काम करनेवाली वैज्ञानिक नहीं थीं। प्रथम विश्वयुद्ध के दौरान उन्होंने जनहित में काम किया था। वह युद्धक्षेत्र में एक्स-रे मशीन लगी एंबुलेंस लेकर पहुँचती थीं और घायल फौजियों की जाँच करती थीं। वह अस्पतालों में रेडियोलॉजी कक्ष में लगनेवाली मशीनों का मुआयना करती थीं और एक्स-रे निदान के विज्ञान में तकनीशियनों को प्रशिक्षित करती थीं।

असली वैज्ञानिक श्रमिक

जब मेरी क्यूरी के पति पियरे क्यूरी (1859-1906) की सन् 1906 में एक सड़क दुर्घटना में मौत हो गई तो सोरबोन के फ्रेंच विश्वविद्यालय ने सारे पूर्व विधान तोड़कर मेरी क्यूरी को भौतिकी में प्राध्यापकी के लिए निमंत्रित किया।

विश्वविद्यालय के इतिहास में एक महिला की नियुक्ति की इस तरह की घटना पहली बार हुई थी। वैज्ञानिकों ने इस नियुक्ति पर खूब हंगामा खड़ा किया। यह दावा किया गया कि पियरे असली वैज्ञानिक श्रमिक थे और मैडम क्यूरी मात्र उनकी सहायक थीं।

अपनी ही खोज से मौत

रेडियम द्वारा छोड़ी गई खतरनाक किरणों का ज्यादा बार सामना करने की वजह से बीमार होने के कारण मेरी क्यूरी की मौत 4 जुलाई, 1934 को हुई थी। उनकी मेडिकल रिपोर्ट में लिखा था, 'तेजी से बुखार लानेवाली हानिकारक एप्लास्टिक एनीमिया नामक बीमारी थी। अस्थिमज्जा ने प्रतिक्रिया नहीं की, चूँकि संभवत: यह विकिरण के लंबे संग्रहण के कारण घायल हो चुकी थीं।'

❖

क्रॉम्पटन, सैमुएल

असामाजिक आविष्कारक

म्यूल (बुनाई में काम आनेवाला एक यंत्र) के ब्रिटिश आविष्कारक सैमुएल क्रॉम्पटन लोगों से दूर रहते थे। उनके आविष्कार ने वस्त्र उद्योग में क्रांतिकारी परिवर्तन ला दिया था, मगर वे शोहरत से दूर रहना पसंद करते थे। एक बार ग्लासगो में उनके सम्मान में रात्रिभोज आयोजित किया गया था। किंतु उस भोज में वे भाग न ले पाएँ, इसके लिए उन्होंने चुपचाप शहर छोड़ दिया। एक अन्य मौके पर, जब एक महत्त्वपूर्ण व्यक्ति ने उनके घर पर मिलने की घोषणा की तो उन्होंने बिस्तर पकड़ लिया। उन्होंने उससे मिलने से इनकार कर दिया। उन्होंने धमकी दी कि यदि आगंतुक उनसे मिलने अंदर आया तो वे बिस्तर के नीचे छिप जाएँगे।

❖

क्रे, सीमूर

बिना उच्च तकनीकवाला आविष्कारक

अमेरिकी इंजीनियर सीमूर क्रे (1925–) सुपर कंप्यूटर के आविष्कारक थे। उन्होंने अपने शक्तिशाली सुपर कंप्यूटर के निर्माता जीवनपर्यंत कागज और पेंसिल से योजना बनाई। अपने काम के लिए उन्होंने कभी भी हाई–टेक कंप्यूटरों का उपयोग नहीं किया। उन्होंने सारा काम स्वयं किया।

❖

क्लीन, फेलिक्स

लिखने की प्रेरणा

समय-समय पर गणित को लोकप्रिय बनाने और गणित की नई बातों को सामने रखने की कोशिशें होती रही हैं। ऐसे ही एक प्रयास के तहत गॉटिंजेन के जर्मन प्राध्यापक फेलिक्स क्लीन (1849–1925) ने एक ऐसा विश्वकोश

(एनसाइक्लोपीडिया) बनाने का इरादा किया, जिसमें एक ही जगह पर गणित की सारी जानकारियाँ मौजूद हों। उन्होंने लुडविग बोल्ट्जमैन (1844–1906) से उनकी कृति 'स्टैटिस्टिकल मेकैनिक्स' पर एक लेख लिखने को कहा, मगर बोल्ट्जमैन लिखने में आनाकानी करने लगे। क्लीन को बोल्ट्जमैन की कमजोर नस मालूम थी। उन्होंने बोल्ट्जमैन से कहा कि यदि उन्होंने नहीं लिखा तो वे अंर्स्ट जरमेलो से इसी विषय पर लिखने को कहेंगे। बोल्ट्जमैन तुरंत लिखने को तैयार हो गए, क्योंकि उन्हें मालूम था कि इस विषय पर जरमेलो का विचार उनके विचार के बिलकुल उलटा था। बाद में बोल्ट्जमैन ने लिखा, 'जरमेलो का विचार विश्वकोश में न आने पाए, इसलिए मैंने लिखना स्वीकार कर लिया।'

❖

खय्याम, उमर

कवि

पर्सिया (ईरान) के खगोलशास्त्री और गणितज्ञ उमर खय्याम (1050–1123) वैज्ञानिक ज्ञान की बजाय 'रुबाइयत' नामक कविता की वजह से ज्यादा विख्यात हैं।

❖

गॉस, कार्ल फ्रेडरिक

बाल गणितज्ञ

जब महान् जर्मन गणितज्ञ कार्ल फ्रेडरिक गॉस (1777–1855) की उम्र दस वर्ष की थी तब उनके शिक्षक ने गणित का एक कठिन सवाल पूछा, ताकि कक्षा कुछ समय के लिए व्यस्त रहे। सवाल में एक से सौ तक के अंकों को जोड़ना था। गॉस ने तुरंत हाथ उठाया और उत्तर बताया—5,050। शिक्षक ने सोचा कि गॉस ने किसी वरिष्ठ छात्र की कॉपी से उत्तर देख लिया होगा और याद कर लिया होगा; लेकिन जब उससे पूछा गया कि सही उत्तर तक कैसे पहुँचे, तो गॉस ने $S = n(n + 1)/2$ वाला सूत्र बता दिया, जिसमें n आखिरी संख्या के लिए आता है। गॉस ने एक मिनट से भी कम में उत्तर दे दिया था।

आज्ञाकारी पुत्र

कार्ल फ्रेडरिक गॉस के पिता माली थे। वे ईंट बिछाने और पानी पटाने का भी काम करते थे। उनकी नजर में शैक्षिक या बौद्धिक उपलब्धि की कोई अहमियत नहीं थी। लेकिन उनकी माँ डोरीथी शिक्षा का महत्त्व समझती थीं। तरुण गॉस के गणितज्ञ बनने में उनकी माँ की अविस्मरणीय भूमिका है। अंतिम दम तक गॉस माँ के लिए आज्ञाकारी बने रहे। सत्तानबे वर्ष की आयु में जब उनकी माँ बीमार पड़ीं तो उन्होंने बिस्तर पकड़ लिया था। साथ ही उनकी आँखों की ज्योति भी जा चुकी थी। तब स्वयं ही माँ की सेवा करते थे; उनकी सेवा करने की अनुमति किसी को नहीं देते थे।

❖

गिल, प्यारा सिंह

ताँबई रंग का फॉर्मूला

सन् 1930 की बात है। सप्ताहांत के एक दिन संयुक्त राज्य अमेरिका के सांता मोनिका समुद्र-तट पर कॉस्मिक किरण के भारतीय भौतिकीशास्त्री प्यारा सिंह गिल धूप सेंक रहे थे। तभी उनके सामने से एक महिला अपनी पाँच वर्षीया बेटी के साथ गुजरी। जब छोटी बच्ची ने गिल को देखा तो चिल्लाने लगी, 'मम्मी! मम्मी! इस आदमी को देखो!'

वह महिला रुकी, उन्हें देखा और उनके पास आकर बोली, 'माफ करेंगे, सर! क्या अपने सुंदर ताँबई रंग का फॉर्मूला बता सकते हैं?' उन्होंने कहा, 'बहुत साधारण, मैडम! भारतीय सूरज के पाँच हजार साल।'

❖

गुडईयर, चार्ल्स

रबर का जबरदस्त दीवाना

'यदि आप एक ऐसे व्यक्ति से मिलें, जो भारतीय रबर की टोपी, मोजे, जाँघिए और जूते पहनता हो, उसके पास भारतीय रबर का बना मनी-पर्स हो

और उसमें एक भी पैसा न हो तो वह निश्चय ही चार्ल्स गुडईयर है।' अमेरिकी आविष्कारक चार्ल्स गुडईयर (1800-1860) का वर्णन लोग इसी प्रकार करते थे। गुडईयर ने वलकनीकृत रबर का आविष्कार किया था। गरमी के मौसम में चिपचिपा न बननेवाला और जाड़े के मौसम में पत्थर की तरह कड़ा रहनेवाला रबर बनाना गुडईयर का पूरे जीवन का दीवानापन था।

❖

गेल-मान, मुर्रे

गरजदार प्रवेश

आसमान में बादल छाए थे। बिजलियाँ कड़क रही थीं, बादल गरज रहे थे। संयुक्त राज्य अमेरिका के कैलिफोर्निया इंस्टीट्यूट ऑफ टेक्नोलॉजी के लेक्चर हॉल का दरवाजा खोलने के लिए एक छात्र तैयार ही था कि उसकी नजर अपने शिक्षक और अमेरिकी भौतिकीशास्त्री व नोबल पुरस्कार विजेता मुर्रे गेल-मान (1929-) पर पड़ी। मुर्रे गेल-मान पदार्थ के क्वार्क सिद्धांत के प्रतिपादक भी हैं। उसने आदर के साथ मुर्रे गेल-मान को हॉल में पहले अंदर आने के लिए आमंत्रित किया। गेल-मान ने कहा, 'नहीं, जरा इंतजार करो!' और बाहर की ओर देखने लगे। तभी बिजली कड़की। गेल-मान चिल्लाए, 'अब अंदर चलें।' और जैसे ही उन्होंने दरवाजा खोलकर हॉल में कदम रखा, बादलों की जोरदार गरज सुनाई पड़ी।

❖

गैमॉ, जॉर्ज

गैमॉ-हॉएल दुश्मनी

रूसी भौतिकीशास्त्री जॉर्ज गैमॉ (1904-1968) अपने वैज्ञानिक कार्यों की तुलना में 'मि. टॉम्पकिंस इन वंडरलैंड' और 'वन, टू, थ्री···इनफिनिटी' आदि अपनी लोकप्रिय विज्ञान पुस्तकों की वजह से ज्यादा जाने जाते हैं। वे ब्रह्मांड की उत्पत्ति के बिग-बैंग सिद्धांत के संस्थापकों में से एक माने जाते हैं। उनके अनुसार 'ब्रह्मांड महाविस्फोट का परिणाम है'। उन्हीं दिनों ब्रिटिश खगोल भौतिकीशास्त्री फ्रेड हॉएल ने भी ब्रह्मांड की उत्पत्ति से संबंधित एक विरोधी सिद्धांत पेश किया था, जिसे

‘स्टीडी स्टेट थियरी’ कहते हैं। इसके अनुसार, ब्रह्मांड हमेशा से ऐसा ही रहा है; पदार्थ के बनने और नष्ट होने की क्रिया साथ-साथ चलती है।

उन दिनों सिद्धांत को प्रमाणित करने और अप्रमाणित करने के लिए मजबूत साक्ष्य मौजूद नहीं थे। इसी कारणवश गैमॉ और हॉएल लगातार भिड़ते रहते थे तथा जब भी मौका मिलता, एक-दूसरे को छोटा साबित करने की कोशिश करते थे। अपनी आत्मकथा में गैमॉ ने ब्रह्मांड की उत्पत्ति के बारे में लिखा—‘यह इतना पेचीदा है कि आज इसे न ही हॉएल, न ईश्वर और न ही कोई भी इसे बता सकता है कि यह ठीक किस प्रकार बना था!’

एक बार किसी और मौके पर गैमॉ बार में पी रहे थे। वहीं पर नौजवान भौतिकीशास्त्रियों की टोली मौजूद थी। ये लोग गैमॉ और हॉएल की दुश्मनी से वाकिफ थे। इन लोगों ने वेटर को रिश्वत देकर कहा कि गैमॉ के पास जाओ और कहो कि ‘प्रो. हॉएल, आपके लिए टेलीफोन कॉल है!’

गैमॉ चालाकी ताड़ते हुए तुरंत बोले, ‘हे! हॉएल को परेशानी में मत डालो।’

सावधान! आगे खतरा है

जॉर्ज गैमॉ ने सन् 1931 में परमाणु भौतिकी, परमाणु नाभिक की रचना और रेडियो सक्रियता पर एक पाठ्य पुस्तक लिखी थी। यह अपने किस्म की पहली पुस्तक थी। उन्होंने ‘खोपड़ी और एक-दूसरे को काटती दो हड्डियों’ के खतरनाक संकेतवाली रबर की एक मुहर बनवाई और पुस्तक के हर उस अंश की शुरुआत तथा अंत में मुहर लगाई, जहाँ भी इलेक्ट्रॉन और नाभिक के मॉडल से संबंधित उद्धरण मौजूद था।

प्रकाशक इस संकेत को पुस्तक में छापने के लिए तैयार नहीं हुआ तो गैमॉ ने कहा, ‘बेचारे पाठकों को भयभीत करने का मेरा कोई इरादा नहीं था, जबकि समूची कथा स्वयं निस्संदेह ऐसा ही करेगी।’

अंततः पुस्तक में खतरे के निशान की जगह बड़े आकार में अंग्रेजी का ‘एस’ अक्षर अंकित किया गया।

अल्फा, बीटा, गामा...

ब्रह्मांड में रासायनिक तत्त्वों की उत्पत्ति पर आधारित अपने शोधपत्र में जॉर्ज गैमॉ ने जानबूझकर नाभिकीय भौतिकीविद् हैंस बेथे का नाम डाल दिया था,

ताकि पत्र के लेखकों का नाम इस तरह आए—'अल्फर बेथे, गैमॉ' (राल्फ अल्फर उनका छात्र था)। ब्रह्मांड की उत्पत्ति पर आधारित शोधपत्र के लिए यह नाम प्रथम तीन ग्रीक अक्षर—अल्फा, बीटा, गामा की तरह सुनाई देते थे।

❖

गैलिलाइ, गैलिलियो

श्रेष्ठ विज्ञान लोकप्रियकर्ता

सन् 1632 में इटली के गणितज्ञ और खगोलशास्त्री गैलिलियो गैलिलाइ (1564-1642) ने 'डायलॉग कंसर्निंग द टू चीफ वर्ल्ड सिस्टम्स' नामक पुस्तक लिखी थी। यह विज्ञान के लोकप्रियकरण का प्रशंसनीय प्रयास था। यह पुस्तक निश्चित तौर पर कोपरनिकस के विचारों को लोकप्रिय करने के उद्देश्य से लिखी गई थी। कोपरनिकस के अनुसार, सूर्य हमारे ब्रह्मांड का केंद्र है। यह विचार अरस्तू और टोलेमी के विचारों के विरुद्ध था। अरस्तू और टोलेमी के अनुसार, पृथ्वी ब्रह्मांड का केंद्र है।

कुशल विज्ञान लोकप्रियकर्ता की भाँति गैलिलियो ने तीन इतालवी पात्रों—फिलिप्पो सालवियाती, गियोवान्नी फ्रांसेस्को सेग्रेडो और सिंपलिसियो के माध्यम से विषय को उठाकर उसमें तर्कों और चलनेवाले विवादों का समावेश किया था। तीन पात्रों में से दो—सालवियाती और सेग्रेडो गैलिलियो के मित्र थे, जो अब इस दुनिया में नहीं हैं। इस पुस्तक में सैलवियाती कोपरनिकस के विचार का समर्थक है। सिंपलिसियो अरस्तू और टोलेमी के पारंपरिक विचारों का समर्थक है और सेग्रेडो ने बहस के संचालक की भूमिका अदा की है। सिंपलिसियो अपनी बातों से स्वयं मूर्ख बनता रहता है। वह पुस्तक में पोप का प्रतिनिधित्व करता है। बाद में इस गलती के कारण गैलिलियो को बहुत सी मुसीबतों का सामना करना पड़ा।

और यह अभी भी चलती है

सन् 1632 में जब गैलिलियो गैलिलाइ की पुस्तक 'डायलॉग कंसर्निंग द टू चीफ वर्ल्ड सिस्टम्स' प्रकाशित हुई तो इसकी बिक्री खूब हुई। जब गिरजाघर के पादरियों की नजर इस पुस्तक पर पड़ी तो वे आगबबूला हो गए। जब तक पुस्तक की प्रतियों को जब्त करने के लिए वे प्रकाशक के दरवाजे पर पहुँचते तब तक सारी

प्रतियाँ बिक चुकी थीं।

गिरजाघर ने पुस्तक पर प्रतिबंध तो लगा दिया, मगर पाठकों को यह पुस्तक पढ़ने से नहीं रोक पाई; क्योंकि पहले ही वह उनके पास पहुँच चुकी थी। अत: उन्होंने गैलिलियो को कई तरीकों से परेशान करना शुरू कर दिया। उसे होली ऑफिस के समक्ष मुकदमे में पेश किया गया। उसे बार-बार पेशी के लिए गिरजाघर बुलाया गया और पृथ्वी की परिक्रमा के बारे में अपने विचार प्रस्तुत करने को कहा गया।

बाद में 22 जून, 1633 को कॉन्वेंट सोफ्रा मिनर्वा में सत्तर वर्षीय गैलिलियो चर्च ट्रिब्यूनल के सामने झुक गए। और पृथ्वी की परिक्रमा तथा ब्रह्मांड में उसकी स्थिति संबंधी अपने पूर्व विचारों से मुकर गए। हालाँकि यह कहा जाता है कि मुकरने के बाद तुरंत उन्होंने धीरे से बुदबुदाया, 'और यह अभी भी घूमती है।'

तीन सौ पचास वर्ष बाद सन् 1982 में पोप जॉन द्वितीय ने पुन: गैलिलियो का मामला खोला और सूर्य तथा पृथ्वी के नए तथ्यों की रोशनी में गैलिलियो के विचारों की जाँच की गई। दस वर्षों की जाँच के बाद गैलिलियो धर्म-विरोधी आरोपों से मुक्त कर दिया गया और उसे 'गिरजाघर की वैध संतान' की संज्ञा दी गई।

❖

गोल्डश्मिड्ट, विक्टर मॉरिट्ज

जहर सिर्फ रसायनविदों के लिए है

स्विस मूल के नॉर्वे निवासी विक्टर मोरिट्ज गोल्डश्मिड्ट (1888-1947) प्रख्यात भू-रसायनज्ञ थे। उन्होंने खनिजों के रसायन के क्षेत्र में शोध किया था। वे यहूदी थे, इसलिए दूसरे विश्वयुद्ध के दौरान नाजी फौजियों के हाथों तंग होने के भय से लगातार भयभीत रहते थे। इसीलिए वे हमेशा अपनी जेब में जहर का एक कैप्सूल रखते थे। एक बार उनके सहयोगी ने उनसे कैप्सूल के बारे में पूछा तो उन्होंने बताया, 'यह विष सिर्फ रसायन विज्ञान के प्राध्यापकों के लिए है। तुम मेकैनिक्स के प्राध्यापक हो, तुम्हें रस्सी उपयोग में लानी पड़ेगी।'

❖

चंद्रशेखर, सुब्रह्मण्यम

भिंडी प्रतिभाशाली बनाती है

प्रख्यात भारतीय खगोल भौतिकीविद् सुब्रह्मण्यम चंद्रशेखर (1910–1995) मद्रास (चेन्नई) के स्कूली दिनों में बहुत ही तेज विद्यार्थी थे। हर परीक्षा में उन्हें सबसे ज्यादा अंक प्राप्त होते थे। अपनी कक्षा में वे सबके प्रिय थे। उनके मित्र उनसे कभी ईर्ष्या नहीं करते थे और उन्हें 'जीनियस' कहकर पुकारते थे। यहाँ तक कि उनके शिक्षक भी उनकी शख्सियत और प्रतिभा से विस्मित थे। एक बार उनके एक शिक्षक ने उनसे पूछा कि उनकी प्रिय सब्जी कौन सी है? चंद्रशेखर ने उत्तर दिया, 'भिंडी।' उसके बाद उस शिक्षक ने सभी बच्चों को सलाह दी कि प्रतिभाशाली बनने के लिए भिंडी खाओ।

खिलाड़ी जैसी भावना

चंद्रशेखर स्कूल और कॉलेज में खेल में भी हिस्सा लेते थे। स्कूल में एक बार धावन प्रतियोगिता में उन्होंने दौड़ में हिस्सा लिया था। जब वे दौड़ रहे थे तो उन्होंने तालियों की तेज आवाज सुनी, मगर इसे अनसुनी कर वे दौड़ते रहे। उनके दौड़ने के दौरान दर्शक उनका उत्साह बढ़ाते रहे। अंतिम बिंदु तक पहुँचकर ही उन्होंने दौड़ समाप्त की। पहुँचने के बाद उन्हें एहसास हुआ कि दौड़ तो बहुत पहले ही खत्म हो गई थी। यद्यपि वे सबसे अंत में पहुँचे थे, फिर भी उन्हें खेल-भावना के बेहतरीन प्रदर्शन के लिए पदक मिला।

वाहवाही मिली, मगर देर से

नष्ट होते तारों से संबंधित नवीनतम खोजों पर सन् 1935 में लंदन की रॉयल एस्ट्रोनॉमिकल सोसाइटी की मासिक बैठक में जब सुब्रह्मण्यम चंद्रशेखर को अपनी बात प्रस्तुत करने का मौका मिला तो वे बहुत ही उत्तेजित थे। उन्होंने पहली बार तारों की आंतरिक संरचना के साथ क्वांटम भौतिकी का उपयोग किया था और कुछ नए नतीजे सामने लाए थे। उन्हें विश्वास था कि बैठक में भाग लेनेवाले खगोलशास्त्री और खगोल भौतिकीशास्त्री उनकी खोजों की सराहना करेंगे।

मगर तब उन्हें अचंभा हुआ, जब उन्होंने जाना कि उनके व्याख्यान के बाद

ब्रिटेन के महान् खगोल भौतिकीशास्त्री ऑर्थर एस. एडिंगटन को उसी विषय पर बोलना था, जिसपर चंद्रशेखर को अपनी बात रखनी थी। व्याख्यान के पूर्व चाय के दौरान एक खगोल भौतिकीशास्त्री ने एडिंगटन से पूछा कि चंद्रशेखर के बोलने के बाद आप क्या बोलना चाहेंगे? 'यह आपके लिए चौंकानेवाली बात होगी।' एडिंगटन ने शरारतपूर्ण अंदाज में कहा और बाहर निकल गए।

चंद्रशेखर ने अपने व्याख्यान में अपने नतीजे सामने रखे और दावा किया कि श्वेत वामन की तुलना में ज्यादा बड़े तारे किसी चीज में विकसित हो सकते हैं, जो अभी तक नहीं खोजा गया है। दरअसल वे कृष्ण विवर (ब्लैक होल्स) की भविष्यवाणी के करीब पहुँच चुके थे। श्वेत वामन की तुलना करने में ज्यादा बड़े (मासवाले) तारे ब्लैक होल में नष्ट हो जाते हैं।

जब एडिंगटन की बारी आई तो उन्होंने सिलसिलेवार ढंग से चंद्रशेखर के गणितीय तर्कों और खगोल भौतिकी की समस्याओं में क्वांटम भौतिकी के उपयोगों की धज्जियाँ उड़ाईं। उनकी खोजों का मजाक उड़ाते हुए उन्होंने कहा, 'मैं सोचता हूँ कि सितारों को बेतुका व्यवहार करने से रोकने के लिए प्रकृति का एक नियम होना चाहिए।'

यह सुनते ही श्रोतागण ठहाका मारकर हँसने लगे। नौजवान चंद्रशेखर इतने बड़े खगोल भौतिकीशास्त्री के मुँह से यह सब सुनकर भौंचक्के रह गए, जिन्होंने बिना किसी पूर्व सूचना के सार्वजनिक तौर पर उनका मजाक उड़ाया था। बाद में उन्होंने अपनी गणनाओं और तर्कों को कई प्रख्यात भौतिकीशास्त्रियों, यथा—नील्स बोर, बुल्फगैंग पॉली, डब्ल्यू.ए. फाउलर आदि को दिखाया। उन वैज्ञानिकों ने चंद्रशेखर की गणनाओं और तर्कों को त्रुटिरहित पाया, मगर उन्होंने खुलकर कुछ नहीं कहा। इस घटना से उन्हें यह अंदाजा लग गया कि कैंब्रिज में उन्हें कोई काम नहीं मिल पाएगा। तब उन्होंने संयुक्त राज्य अमेरिका जाने का निश्चय किया। सारे विवादों और झगड़ों को भूलकर दूसरे विषय पर ध्यान देने की बजाय अपने विषय पर एक पुस्तक लिखने का इरादा उन्होंने बनाया। जब सन् 1937 में वह पुस्तक प्रकाशित हुई तो खगोल भौतिकी के क्षेत्र में वह मील का पत्थर साबित हुई। सन् 1983 में खगोल भौतिकी में योगदान के लिए सुब्रह्मण्यम चंद्रशेखर को नोबल पुरस्कार मिला।

शोधकार्य की अद्वितीय शैली

चंद्रशेखर के शोध करने का तरीका अद्वितीय था। वे विषय का गहन अध्ययन करते थे। इस विषय में महत्त्वपूर्ण योगदान करते और अंतत: उस विषय पर एक

बेहतरीन पुस्तक लिख डालते थे। वे अपने किसी काम को अधूरा नहीं छोड़ते थे।

चाचा आदर्श नहीं

प्रख्यात भारतीय भौतिकीविद् और नोबल पुरस्कार विजेता सी.वी. रमण सुब्रह्मण्यम चंद्रशेखर के चाचा थे, परंतु रमण उनके आदर्श नहीं थे। दरअसल रमण हमेशा चंद्रशेखर को खगोल भौतिकी छोड़ देने की सलाह देते थे। रमण की नजर में खगोल भौतिकी पिछड़ा विज्ञान था। रमण चाहते थे कि चंद्रशेखर नाभिकीय भौतिकी पढ़ें। चंद्रशेखर ने 'रमण शोध संस्थान' में सहायक प्राध्यापक के रूप में काम करने के अपने चाचा के निमंत्रण को विनम्रतापूर्वक ठुकरा दिया था।

नीली तरंगों से प्रेरणा

सी. वी. रमण और सुब्रह्मण्यम चंद्रशेखर—दोनों को ही अपनी खोज की प्रेरणा इंग्लैंड की समुद्र यात्रा के दौरान मिली थी। समुद्र के नीलेपन ने रमण को प्रकाश के बिखरने की परिघटना के अध्ययन के लिए प्रेरित किया था। लंबी और सुस्ती भरी समुद्री यात्रा के दौरान समय बिताने के लिए चंद्रशेखर ने श्वेत वामन का अध्ययन करना शुरू कर दिया था।

नोबल जीतनेवाली कक्षा

1940 के दशक के मध्य के वर्षों के दौरान सुब्रह्मण्यम चंद्रशेखर हर हफ्ते सैकड़ों किलोमीटर गाड़ी चलाकर यर्क्स वेधशाला से शिकागो विश्वविद्यालय आया करते थे। चाहे बारिश हो या ओले पड़ें, दो छात्रोंवाली कक्षा को पढ़ाने के लिए वे आया करते थे। इस विशेष अध्यापन के पीछे का रहस्य तब खुला जब सन् 1957 में पूरी कक्षा ने भौतिकी का नोबल पुरस्कार जीता।

उन दोनों छात्रों के नाम थे—त्सुंग दाओ ली और चिनलिन यांग।

उपहार के रूप में पेंसिल

एक बार चंद्रशेखर की साली उन्हें उपहार देना चाहती थी। इसलिए उसने चंद्रशेखर से पूछा कि वह उपहार में क्या लेना चाहेंगे? उन्होंने उत्तर दिया, 'मुझे पेंसिल दे दो, क्योंकि यही एक चीज है जिसका मैं उपयोग करता हूँ।'

जर्मेन, सोफी

पुरुषोंवाले उपनाम

फ्रांसीसी गणितज्ञा सोफी जर्मेन (1776-1831) दूसरे गणितज्ञों के साथ पत्र-व्यवहार में, गणित की पत्रिकाओं में और अपने सभी लेखों में अपने असली नाम की जगह पुरुषोंवाला उपनाम 'मॉनसियर लेब्लैंक' लिखती थीं। दरअसल वह यह नहीं बताना चाहती थीं कि वह एक महिला हैं, जो गणित के क्षेत्र में अपनी पहचान बनाने की कोशिश कर रही हैं। गणित के क्षेत्र में किसी महिला का काम करना उन दिनों आश्चर्य की बात थी।

❖

जॉब्स, स्टीवन

किसी भारतीय साधु से एडिसन बेहतर

अमेरिकी स्टीवन जॉब्स (1955-) ने 'एप्पल' कंप्यूटर का आविष्कार किया था। जॉब्स विश्व के अत्यधिक धनी व्यक्तियों में से एक हैं। वह बचपन में ही अनाथ हो गए थे। जॉब्स उनका अपनाया हुआ नाम था।

सन् 1975 में जॉब्स हिप्पी के रूप में एक आध्यात्मिक गुरु की तलाश में भारत आए थे। उन्होंने हिमालय की यात्राएँ कीं। कई आश्रमों के चक्कर लगाए। कुंभ मेला का दौरा किया। उन्होंने देखा कि वे स्वयं जिन चीजों का उपयोग करने के आदी हैं, यहाँ पर लोग उसके बगैर भी जीते हैं। तब उन्होंने सोचना शुरू किया कि मार्क्स के सिद्धांतों या भारतीय साधुओं के उपदेश की तुलना में एडिसन बेहतर है।

उसकी जिंदगी में महत्त्वपूर्ण मोड़ तब आया जब वह और उसके सहयोगी भीषण बाढ़ में फँस गए थे और लगभग डूबने वाले थे। यह घटना मध्य प्रदेश में एक नदी के तट पर घूमने के दौरान घटी थी।

जॉब्स ने संयुक्त राज्य अमेरिका लौटकर एक कंपनी बनाई और गैरेज में पहला पर्सनल कंप्यूटर बनाया। तब से जॉब्स ने पीछे मुड़कर नहीं देखा।

❖

जियोपार्ट-मेयर, मारिया

मारिया जियोपार्ट-मेयर (1906-1972) जर्मन मूल की अमेरिकी भौतिकीशास्त्री थीं। उन्होंने परमाणु का शेल मॉडल बनाया था। उन्हें सन् 1963 में नोबल

पुरस्कार मिला था। संयुक्त राज्य अमेरिका के सानडियागो के कैलिफोर्निया विश्वविद्यालय के भौतिकी विभाग में प्राध्यापकी के लिए पूर्णकालिक नियुक्ति के पूर्व तीस वर्ष तक उन्होंने नाभिकीय भौतिकी में अंशकालिक शोधकार्य किया था।

❖

जीवक

एक अनूठा दीक्षांत समारोह

ईसा पूर्व पाँचवीं सदी के प्राचीन चिकित्सा विज्ञानी जीवक ने तक्षशिला के प्रसिद्ध चिकित्साशास्त्री से सात वर्षों तक चिकित्सा विज्ञान की मौलिक बातें सीखी थीं। (तक्षशिला आज के पाकिस्तान के रावलपिंडी के पास स्थित है) तक्षशिला उन दिनों भारत का प्राचीन शिक्षा केंद्र था। शिक्षण की अवधि समाप्त होने के बाद शिक्षक जीवक की व्यावहारिक बुद्धि की जाँच करना चाहते थे। उन्होंने जीवक का फावड़ा उठाकर तक्षशिला के चारों ओर सभी दिशाओं में दूर-दूर तक जाने के लिए कहा और कम-से-कम एक ऐसा पौधा लाने को कहा, जिसका कोई औषधीय मूल्य न हो।

काफी खोजबीन के बाद जीवक खाली हाथ लौटे और शिक्षक को अपने असफल रहने के बारे में सूचित किया। शिक्षक संतुष्ट हुए और उन्हें चिकित्सा करने के लिए लाइसेंस जारी कर दिया।

❖

जेनर, एडवर्ड

न परीक्षण, न सम्मान

जब ब्रिटेन के चिकित्सा विज्ञानी एडवर्ड जेनर (1749-1823) को 'छोटी चेचक' नामक रोग के टीके (वैक्सीन) की खोज के लिए विश्व स्तरीय ख्याति मिली तो लंदन स्थित कॉलेज ऑफ फिजिशियंस उन्हें सदस्य के रूप में निर्वाचित करने के लिए बहुत ही उत्सुक था, मगर सदस्यता की शर्त यह थी कि हिप्पोक्रेट्स और गैलेन के चिकित्सा विज्ञान के बारे में उनके ज्ञान की जाँच होनी चाहिए और प्रमाणित होनी चाहिए। जेनर ने जाँच किए जाने से इनकार कर दिया। इसीलिए उन्हें सम्मान देने से इनकार कर दिया गया।

❖

जेफर्सन, थॉमस

स्वर्ग से पत्थर

आज सबको मालूम है कि आसमान से गिरनेवाले छोटे-बड़े पाषाण पिंडों को उल्कापिंड (मीटियोराइट) कहते हैं, परंतु उन्नीसवीं सदी के प्रारंभिक वर्षों में कोई इसपर विश्वास नहीं करता था। न्यू इंग्लैंड के वेस्टन नामक छोटे शहर में दो स्थानीय महाविद्यालय प्राध्यापकों—बेंजामिन सिलिमान और जेम्स एल. किंग्सले ने उल्कापिंडों के कई टुकड़े पाए थे। इसमें एक टुकड़ा दो सौ पाउंड के वजनवाला था। चूँकि उनके सहयोगी और पड़ोसी उनके दावों के प्रति संशयग्रस्त थे, इसलिए उन्होंने इसे अमेरिकी राष्ट्रपति थॉमस जेफर्सन (1743-1826) को दिखाने का निर्णय लिया। जेफर्सन को विज्ञान में रुचि थी। जब जेफर्सन ने पत्थरों को देखा तो कहा, 'यह विश्वास करना ज्यादा आसान है कि दो अमेरिकी प्राध्यापक झूठ बोलेंगे, बजाय इसके कि ये पत्थर स्वर्ग से गिरते हैं।'

❖

जेल'डोविच, वाई.बी.

जैसा राजा वैसी प्रजा

रूसी भौतिकीशास्त्री वाई.बी. जेल'डोविच मॉस्को स्थित 'यू.एस.एस.आर. एकेडमी ऑफ साइंसेज' के इंस्टीट्यूट ऑफ फिजिकल प्रॉब्लम्स के प्रधान थे। वे संस्थान को तानाशाही तरीके से चलाते थे। जिन वैज्ञानिक विचारों में वे विश्वास करते, उन्हीं विचारों में उनके कार्मिकों को भी विश्वास करना पड़ता था।

सन् 1976 की बात है। एक दिन ब्रिटिश गणितज्ञ रोजर पेनरोज (1931-) एक व्याख्यान देने संस्थान में आए। पहले उन्होंने सोचा था कि वे स्टीफन हॉकिंस के विचार 'ब्लैक होल्स' पर अपनी बात रखेंगे। एक दिन पहले उन्हें सूचित किया गया कि उन्हें हॉकिंग के विचारों की चर्चा बिलकुल ही नहीं करनी है। चूँकि न ही जेल'डोविच और न ही उनके सहायक हॉकिंग के विचारों में यकीन रखते थे। पेनरोज यह सुनकर परेशान हो गए और उन्होंने अपना शेष समय व्याख्यान को फिर से लिखने में लगाया। व्याख्यान शुरू होने के ठीक एक घंटा पहले पेनरोज को सूचना मिली कि वे हॉकिंग के विचारों पर अपनी बात रख सकते हैं, क्योंकि जेल'डोविच ने अपना दिमाग बदल दिया था और उनके सहायकों ने भी ऐसा ही किया था।

❖

ज्विकी, फ्रिट्ज

गोल कमीने

स्विस-अमेरिकी खगोलशास्त्री फ्रिट्ज ज्विकी (1898-1974) ने गैलेक्टिक झुंडों और सुपरनोवा के अध्ययन में महत्त्वपूर्ण योगदान किया था। अन्य सहयोगी खगोलशास्त्री उन्हें 'परेशान करनेवाला महामूर्ख' समझते थे। ज्विकी अकसर सोचा करते थे कि उनके सिवा और कोई विद्वान् नहीं है।

ज्विकी कहते, 'गैलिलियो के अतिरिक्त सिर्फ मैं ही छोटे टेलीस्कोप का प्रयोग करना जानता हूँ।'

वे भौतिकी के जिस पाठ्यक्रम को पढ़ाते थे, उसमें छात्रों को दाखिला अपनी मन-मर्जी से देते थे। वे सिर्फ उन्हीं को दाखिला देते, जो उनके चिंतन का समर्थन करता था। किसी से भी लड़ने के लिए तैयार हो जाते, रात्रि-सहायकों से अपनी बात जोर-जोर से कहते। यदि उनकी बातों से कोई सहमत नहीं होता तो उसके लिए भद्दी गाली मिश्रित वैज्ञानिक शब्दों का इस्तेमाल करते और उन लोगों पर घातक हमला करते थे। ज्विकी अकसर अपने कुछ सहयोगियों को 'स्फेरिकल बास्टड्र्स' कहकर पुकारते थे। वे कहते, 'वे गोलीय हैं, क्योंकि मैं उन्हें जहाँ से देखता हूँ, वे मुझे कमीने नजर आते हैं।' वाल्टर बेड (1893-1960) नामक खगोलशास्त्री, जो उनके सहयोगी थे, उन (ज्विकी) से भयभीत रहते थे। वे अकसर अन्य मित्रों से फुसफुसाते कि एक दिन ज्विकी उनकी हत्या कर देगा। इसमें कोई आश्चर्य नहीं है कि कोई भी उनसे भयभीत हो जाता, क्योंकि उनकी आँखें पीलापन लिये नीले रंग की थीं। घूरता हुआ सपाट चेहरा था और हँसी वहशियाना अंदाज वाली थी।

ज्विकी जब तक जीवित रहे, नापसंद किए गए और घृणित रहे। आज खगोल भौतिकी में अपारंपरिक विचारों का असली प्रतिभाशाली उन्हें ही माना जाता है। न्यूट्रॉन तारा और ग्रैविटेशनल लेंसिंग का विचार उन्हीं का था।

❖

झिंगरान, विश्व गोपाल

मछलियों का पंचशील

मत्स्य विज्ञान में भारत के शीर्षस्थ वैज्ञानिकों में विश्व गोपाल झिंगरान (1919-1991) का नाम उल्लेखनीय है। वे प्रतिष्ठित और सम्मानित वैज्ञानिक होने

के साथ-साथ एक अच्छे संप्रेषक भी थे। सिनेमा के लिए पटकथा और पत्र-पत्रिकाओं के लिए लोकप्रिय विज्ञान के लेख लिखने के साथ-साथ वे मछली में रुचि रखनेवाले लोगों और उद्यमियों के बीच मछली के पर्यावास और आदतों पर व्याख्यान दिया करते थे। अपने व्याख्यान में उदाहरणों के जरिए वे उन्हें मंत्रमुग्ध कर लिया करते थे।

झिंगरान भारतीय मछलियों के लिए तालाब को रेल की त्रिस्तरीय शायिकाओं (थ्री टायर स्लीपर) की तरह मानते थे, जिसमें 'कतला' तालाब की ऊपरी सतह पर रहता है, 'रोहू' बीचवाली जगह में रहना पसंद करता है और 'मृगाल' तालाब की बिलकुल निचली सतह में रहता है। वे अकसर महसूस करते कि ये मछलियाँ राजनीतिक शांतिपूर्ण सह-अस्तित्व का जीवन जीना पसंद करती हैं। इसे ही वे 'पंचशील' कहते थे।

❖

टेलेस

खगोलशास्त्र की सीमा

मिलेटस के टेलेस (ई.पू. 620-555) यूनानी दार्शनिक गणितज्ञ और खगोलशास्त्री थे। तारा देखना उन्हें अच्छा लगता था। एक बार वे रात में गलियों में टहल रहे थे। घूमते-घूमते वे तारों में खो गए और सड़क किनारे एक कुएँ में जा गिरे। एक महिला ने उन्हें बाहर निकालने में मदद की। जैसे ही उसने टेलेस को देखा तो पहचान गई। आश्चर्य करते हुए बोली, 'यह एक आदमी है, जो तारों का अध्ययन करता है; पर यह नहीं देख सकता कि इसके पाँवों के नीचे क्या है।'

❖

टेस्ला, निकोला

बीमारी का डर

क्रोएशिया में जनमे अमेरिकी आविष्कारक निकोला टेस्ला (1856-1943) ने ट्रांसफार्मर का आविष्कार किया था और पहले-पहल ए.सी. करेंट को प्रचलन में लाया था। उन्हें जीवाणुओं से बहुत डर लगता था। जैसे-जैसे उनकी उम्र बढ़ती गई, उनका डर भी बढ़ता गया। वे बड़ी जल्दी-जल्दी हाथ साफ करते थे।

होटलों में नौकरों से कहते, 'हाथ साफ करने के कम-से-कम अठारह तौलिए तैयार रखो।' फिर भी उन्हें बीमारी का डर लगा रहता। गोल चीजें उन्हें परेशान करती थीं, यहाँ तक कि महिलाओं के गले में पड़ी माला के मोती भी। वे कुछ भी तीन की गिनती में खाना पसंद करते थे। इस आदत से दूसरे परेशान हो उठते, इसलिए उन्होंने अकेले ही खाना शुरू कर दिया था। उनके जीवन के आखिरी दिन गरीबी में गुजरे थे। सस्ते होटलों में अपने बचे-खुचे पैसों से कबूतरों को दाना खिलाते, जो उनकी खिड़की पर आते थे।

❖

टैम, इगोर येवगेनएविच

आतंकवादियों के बीच गणितज्ञ

सन् 1910 के दशक में रूस में गृहयुद्ध छिड़ा हुआ था। भिन्न-भिन्न विचारधाराओं के कई समूह पूरे मुल्क में फैले हुए थे और एक-दूसरे की गरदन काट रहे थे। उन्हीं दिनों रूसी भौतिकीशास्त्री इगोर टैम (1895-1971) ओडेसा के भौतिकी विभाग में प्रोफेसर थे। भोजन की तलाश में वे एक गाँव में पहुँचे। वहाँ वे किसी ऐसे व्यक्ति की तलाश कर रहे थे, जो उनकी चाँदी की चम्मच के बदले उन्हें मुरगियाँ दे। उन्हें 'मैख्नोस' के एक दस्ते ने पकड़ लिया। मैख्नोस लाल सेना को परेशान करनेवाला दस्ता था। इगोर को पकड़कर मैख्नोस के प्रधान एटामान के पास लाया गया।

प्रधान फर का बना काले रंग का टोप लगाए हुए था। उसकी छाती पर मशीन गन की गोलियों का पट्टा टँगा था। उसकी बेल्ट में हथगोले लगे हुए थे।

टैम को गाली देते हुए प्रधान चिल्लाया, 'तुम! कम्युनिस्ट हरामी! क्या तुम्हें नहीं मालूम कि तुम्हारी एकमात्र सजा मौत है?'

टैम ने जवाब दिया, 'लेकिन मैं ओडेसा में प्रोफेसर हूँ। मैं यहाँ भोजन लेने आया हूँ।'

प्रधान उनपर विश्वास न करते हुए चिल्लाया, 'चुप! प्रोफेसर! क्या पढ़ाते हो?'

'मैं गणित पढ़ाता हूँ।' टैम ने उत्तर दिया।

प्रधान ने कहा, 'ठीक है, यदि तुम गणित पढ़ाते हो तो मैं तुम्हें उच्च गणित का एक सवाल दूँगा। उसे हल करो और आजाद हो जाओ, अन्यथा…'

और टैम को आश्चर्य हुआ। प्रधान ने उसे उच्च गणित का सवाल दिया था,

जो सिर्फ गणित का प्राध्यापक ही समझ सकता था।

टैम ने सवाल को हल कर दिया। उसे आजाद कर दिया गया। वह प्रधान कौन था ? क्या गणित का प्रोफेसर ? पता नहीं ! गृहयुद्ध ने कई तरह के लोगों को अपनी चपेट में ले लिया था। सन् 1958 में 'सेरेन्कोव प्रभाव' के विश्लेषण के लिए टैम को नोबल पुरस्कार से पुरस्कृत किया गया।

❖

ट्यूरिंग, एलान

पागलपन की विधि

ब्रिटिश कंप्यूटर विद्वान् एलान ट्यूरिंग (1912-1954) अपने चेहरे-मोहरे को लेकर कभी परेशान नहीं हुए। वे हमेशा ऐसे दिखते थे, मानो अभी-अभी सोकर उठे हों। उनके नाखून हमेशा बड़े-बड़े होते थे। दाँत पीले रहते थे। कपड़े मुड़े-चुड़े होते, जिसमें दाग-धब्बे लगे होते थे। अकसर वे टाई का उपयोग बेल्ट की तरह करते थे। उनकी लिखावट बहुत भद्दी थी। आदतें लापरवाह किस्म की थीं। वे सिर्फ उनसे बातें करते, जो उनके बराबर का विद्वान् हो। वे लंबी दूरी दौड़कर पूरी करते थे। यदि कार से जाने को मिलता तो भी साइकिल से जाना पसंद करते थे।

वे मानो हमेशा पागलों जैसी हरकत करते; मगर उनके पागलपन में हमेशा एक प्रणाली होती थी। एक बार उन्होंने अपने टूटे खिलौने जमीन में गाड़ दिए थे कि वे पौधों की तरह बढ़ेंगे।

वे सड़क के किनारे के नालों में चुंबक की मदद से लोहे के टुकड़े खोजा करते थे। हर लैंप पोस्ट के पास रुकते और उसका सीरियल नंबर पढ़ते थे। आठ वर्ष की उम्र में ही उनके माता-पिता को उनकी विद्वत्ता के बारे में पता चल गया था, जब बचपन में मधुमक्खी के उड़नेवाले रास्ते को देखते हुए वे छत्ते तक पहुँच गए थे। हालाँकि 'नेचुरल वंडर्स एवरी चाइल्ड शुड नो' नामक एक किताब ने ग्यारह वर्ष की उम्र में ट्यूरिंग की दिलचस्पी विज्ञान में पैदा कर दी।

गणित की कक्षा में हमेशा अव्वल रहनेवाले ट्यूरिंग को गणित में बहुत ज्यादा आस्था थी। एक बार की बात है। उनके एक साथी ने दावा किया कि वह (ट्यूरिंग) पूर्वजन्म से ही गणित जानता है। जब अदालत में उनके ऊपर समलैंगिक होने का मुकदमा चला तो उन्होंने चौवालीस वर्ष की आयु में आत्महत्या कर ली।

खेल-प्रेमी

एलान ट्यूरिंग प्रतिदिन चार किलोमीटर पैदल चलते या साइकिल चलाते थे। दरअसल वे लंबी दूरी के धावक थे। युवावस्था में विभिन्न दौड़ प्रतियोगिताओं में वे हिस्सा लेते थे। वे प्रतिदिन शारीरिक प्रशिक्षण में दो से तीन घंटे लगाते थे।

❖

डाइरैक, पॉल एड्रिएन मॉरिस

डाइरैक का शर्मीलापन

पॉल एड्रिएन मॉरिस डाइरैक (1902–1984) ब्रिटेन के भौतिकीशास्त्री थे। वे क्वांटम भौतिकी में योगदान के लिए मशहूर हैं। उनकी पुस्तक 'द प्रिंसिपल ऑफ क्वांटम मेकैनिक्स' को 'भौतिकी का बाइबल' समझा जाता है और आइजक न्यूटन की 'प्रिंसिपिया' की भाँति एक महत्त्वपूर्ण मील का पत्थर माना जाता है। अपने जीवनकाल में उन्हें बहुत ख्याति मिली। उनके गंभीर मिजाज और सनक भरे व्यवहार एवं शर्मीले स्वभाव की खूब चर्चा होती थी। एक बार की बात है। डाइरैक के व्याख्यान के बाद प्रश्न–उत्तर सत्र के दौरान एक व्यक्ति ने उठकर पूछा, 'महाशय! मैं आपके तर्कों में यह और वह नहीं समझ सका।'

डाइरैक उत्तेजित नहीं हुए और दर्शकों की ओर देखते रहे, मानो किसी ने सवाल पूछा ही न हो। तब सत्र के सभापति ने पूछा, 'प्रो. डाइरैक, क्या आप इस प्रश्न का उत्तर देना चाहेंगे?'

डाइरैक बोले, 'यह प्रश्न नहीं, बल्कि वक्तव्य था।'

इस बार दूसरे मौके पर डाइरैक संयुक्त राज्य अमेरिका में एक एपार्टमेंट में एक ऐसे फ्रांसीसी भौतिकीशास्त्री के साथ रहते थे, जो अंग्रेजी भाषा कम समझता था। एक बार जब भौतिकीशास्त्री महोदय अंग्रेजी में कुछेक बात नहीं समझा पाए तो उन्होंने पूछा, 'क्या आप फ्रांसीसी समझते हैं?'

'हाँ! फ्रेंच मेरी मातृभाषा है।' डाइरैक ने उत्तर दिया। डाइरैक आधे अंग्रेज और आधे फ्रांसीसी थे।

फ्रांसीसी भौतिकीशास्त्री महोदय नाराज हो गए। वे गुस्से में बोले, 'और तुम अब बता रहे हो, जब मैं हफ्तों टूटी-फूटी अंग्रेजी में बोल चुका। तुमने पहले क्यों नहीं बताया मुझे?'

'आपने मुझसे पहले पूछा ही नहीं!' डाइरैक ने उत्तर दिया। यहाँ तक कि उनके छात्रों को भी उनसे बात करने में परेशानी होती थी। अकसर वे 'हाँ' या 'ना' में जवाब देते थे, मगर उनका जवाब हमेशा सही होता था।

अपने गंभीर और चुप्पा स्वभाव के कारण डाइरैक ने अपने विचारों की शाखा कभी नहीं बनाई। उनका कोई अनुयायी नहीं था। वे आज सिर्फ अपनी पुस्तक और शोधपत्रों की वजह से प्रख्यात हैं।

एक अत्यंत संकोची भौतिकीशास्त्री

पी.ए.एम. डाइरैक एक बार यह बता रहे थे कि कैसे वे अत्यंत संकोची स्वभाव के हो गए। उनकी माँ अंग्रेज और पिता फ्रांसीसी थे। एक बार उनके पिता ने उनसे सिर्फ फ्रांसीसी भाषा में बात करने का आग्रह किया, ताकि वे फ्रांसीसी भाषा सीख जाएँ। डाइरैक ने बताया, 'तभी मैंने पाया कि मैं फ्रांसीसी भाषा में खुद को अभिव्यक्त नहीं कर सकता हूँ। अंग्रेजी बोलने की बजाय मैंने चुप रहना बेहतर समझा। इसलिए उस समय मैं एकदम चुप हो गया।'

उनके पिताजी लोगों से उनका मिलना-जुलना पसंद नहीं करते थे। उनके पिता ने उन्हें गणित पढ़ने के लिए उत्साहित किया। 'इसका परिणाम यह हुआ कि जब तक मुझे कोई नहीं टोकता था, मैं किसी से बात नहीं करता था। मैं कुदरत की समस्याओं को समझने में अपना समय बिताता था।'

जब दो महान् व्यक्ति मिलते हैं

एक बार एक छात्र को डाइरैक के कमरे में इ.एम. फोर्स्टर की रचना 'ए पैसेज टू इंडिया' मिली। उसने सोचा कि क्यों न डाइरैक और इ.एम. फोर्स्टर के बीच मिलने के लिए बैठक बुलाई जाए और देखें कि क्या होता है ? उन दिनों फोर्स्टर पास के किंग्स कॉलेज में पढ़ाते थे।

चाय के बाद एक बैठक आयोजित की गई। दोनों विद्वान्, एक साहित्य में तो दूसरा विज्ञान में, आमने-सामने हुए। कुछ देर तक भारी चुप्पी छाई रही। थोड़ी देर बाद डाइरैक ने पूछा, 'गुफा में क्या हुआ था ?' (यह 'पैसेज टू इंडिया' का एक प्रसंग है, जिसमें भारत में रहनेवाले अंग्रेजी समुदाय और भारतीयों के बीच दंगा भड़कने का जिक्र है।)

फोर्स्टर ने उत्तर दिया, 'मुझे नहीं मालूम।'

फिर चुप्पी छा गई। आखिरकार दोनों विद्वान् अपनी-अपनी राह हो लिये।

कोई रहस्यमय छठी इंद्रिय नहीं

प्रख्यात भारतीय गणितज्ञ हरीश चंद्र (1923-1983) पी.ए.एम. डाइरैक के मार्गदर्शन में अध्ययन करने के लिए ब्रिटेन के कैंब्रिज विश्वविद्यालय गए थे। वहाँ उन्होंने पाया कि डाइरैक दूर-दूर और अलग-अलग रहते हैं, मगर दयालु और भोले स्वभाव के हैं। एक बार हरीश चंद्र डाइरैक के पास भौतिकी के एक सवाल के साथ गए और उन्हें अपनी समस्या बताई। उन्होंने पाया कि उनके प्रमाण बहुत कठिन नहीं हैं। डाइरैक ने उत्तर दिया, 'मुझे प्रमाण में दिलचस्पी नहीं है। मेरी दिलचस्पी उसमें है, जो प्रकृति करती है।'

इस टिप्पणी ने चंद्र को सन्न कर दिया। उन्हें लगा कि भौतिकी में शोध करने के लिए जरूरी रहस्यमय छठी इंद्रिय उनके पास नहीं है। इसी कारण से वे गणित की ओर मुड़ गए और उच्चतर गणित में अपना महत्त्वपूर्ण योगदान दिया।

❖

डार्विन, चार्ल्स

परिवार के लिए कलंक

प्रख्यात ब्रितानवी प्रकृतिवादी चार्ल्स डार्विन (1809-1882) का बचपन पक्षियों और जानवरों का शिकार करने तथा जमा करने में ही ज्यादातर गुजरता था। उनका संबंध चिकित्सक परिवार से था। उनके पिता उन्हें समय बरबाद करनेवाला समझते थे। एक बार उन्होंने कहा भी था, 'तुम कुत्तों को मारने और चूहों को पकड़ने के अलावा कुछ नहीं करते हो। तुम अपने लिए और अपने परिवार के लिए कलंक बनोगे।'

बंदर से इनसान

जब चार्ल्स डार्विन ने सन् 1859 में अपनी पुस्तक 'दि ओरिजिन ऑफ लाइफ' के जरिए प्राकृतिक चयन द्वारा जीवन के विकास के सिद्धांत का प्रतिपादन किया तो विक्टोरिया युग के इंग्लैंड में तहलका मच गया था। तहलका का केंद्र होने के बावजूद वे बगैर परेशान हुए अपने सिद्धांत के समर्थन में और ज्यादा साक्ष्य एकत्र करने में लगे रहे। हालाँकि विज्ञान लोकप्रियकर्ता और प्रख्यात जीव वैज्ञानिक थॉमस हेनरी हक्सले डार्विन के सिद्धांत से सहमत हुए और उनका प्रबल समर्थन किया।

यहाँ तक कि उन्होंने खुद को 'डार्विन का बुलडॉग' कहा। सन् 1860 में बंदर से इनसान के उद्‍गम के मामले को हक्सले विशप सैमुअल विल्बरफोर्स के सामने ले गए। उसमें ऑक्सफोर्ड के ब्रिटिश एसोसिएशन फॉर दि एडवांसमेंट ऑफ साइंस के वैज्ञानिकों के अलावा आम जनता भी शामिल थी।

सभा में इस मसले पर खूब बहस हुई। खूब ठहाके लगे। जब विशप विल्बरफोर्स वैज्ञानिक तरीके से मसले को नहीं खत्म कर पाए तो घबराहट में बोले, 'ठीक है, प्रो. हक्सले! अंततः कृपया मुझे ये बताएँ—बंदर के किस पक्ष से आपका उद्‍गम हुआ—पिता के या माता के? हक्सले बिना मुँह मोड़े, द्वेष के साथ बोले, 'यदि मुझे अपना पूर्वज चुनना पड़े, चाहे वो बेचारा बंदर हो या एक शिक्षित व्यक्ति जो वैज्ञानिक बहस में इस तरह के सवाल उठाता हो, तो मैं बंदर को चुनूँगा।'

यहाँ तक कि ब्रिटेन के प्रधानमंत्रीगण विलियम ग्लैडस्टोन और बेंजामिन डिजरायली ने भी डार्विन के विचारों का तीखा विरोध किया था। जब डिजरायली से पूछा गया कि मनुष्य के पूर्वज के रूप में किसे चुनेंगे—फरिश्तों को या बंदरों को? तो डिजरायली ने उत्तर दिया, 'मैं फरिश्तों के पक्ष में हूँ।'

अल्प अवधि मिली, परंतु ठीक से बीती

अपनी प्रसिद्ध गालपागोस यात्रा से लौटने के बाद चार्ल्स डार्विन कभी स्वस्थ नहीं रहे। गालपागोस वह द्वीप है, जहाँ जीवन के विकास के सिद्धांत की रचना के प्रमाण मिले थे। अस्वस्थता की वजह से वे अपने सिद्धांत का प्रसार नहीं कर पाए।

हालाँकि वे तिहत्तर वर्ष की उम्र तक जिए। उन्हें अकसर पेट और हृदय की बीमारी की शिकायत रहती थी। ऐसा विश्वास है कि वे 'चगास रोग' से पीड़ित हो गए थे, जब दक्षिणी अमेरिका के पंपास के कीड़े ने उन्हें काट लिया था। हालाँकि डार्विन दिन भर में मात्र तीन-चार घंटे काम किया करते थे। हर दिन की यह छोटी सी अवधि मनुष्य के उद्‍गम के बारे में विचार करने में लग जाती थी।

एक पूर्णतः शरारती पुस्तक

चार्ल्स डार्विन की पुस्तक 'दि ओरिजिन ऑफ स्पीसीज' सन् 1859 में प्रकाशित हुई थी। जिस तरीके से वैज्ञानिक समुदाय ने इस पुस्तक को लिया

था उससे चार्ल्स डार्विन मृत्युपर्यंत बहुत ही दुःखी और उदास रहे। अधिकतर वैज्ञानिक उनके विचारों की हँसी उड़ाते थे कि मनुष्य का उद्‌भव बंदरों से हुआ है। अखबारों ने उन्हें बंदर के रूप में चित्रित किया। यहाँ तक कि उनके अपने शिक्षक इस विचार को पूर्णतः गलत और गंभीर शरारत मानते थे।

❖

डाल्टन, जॉन

डाल्टनवाद

जॉन डाल्टन, जिन्होंने पदार्थ के परमाणु सिद्धांत का प्रतिपादन किया था, रंगअंधता के शिकार थे। इसी वजह से रंगअंधता को कभी-कभी 'डाल्टनवाद' कहकर उद्‌धृत किया जाता है।

महिमामंडन से दूर

जॉन डाल्टन क्वेकर धर्म में पक्का विश्वास करते थे। यह धर्म प्रशंसा से दूर रहने की सलाह देता था। इसी का नतीजा था कि जब हंफ्री डेवी (1778-1829) ने उन्हें रॉयल सोसाइटी की फेलोशिप के लिए नामित किया तो उन्होंने मना कर दिया था। लगभग एक दशक बाद बिना उनकी जानकारी के उन्हें फेलो के लिए चुन लिया गया था।

❖

डेडेकाइंड, रिचर्ड

अपनी मृत्यु को पढ़नेवाला

एक बार एक पत्रिका में प्रकाशित गणितीय कैलेंडर में 4 सितंबर, 1899 को अपनी मृत्यु-तिथि की घोषणा देखकर जर्मन गणितज्ञ रिचर्ड डेडेकाइंड (1831-1916) मुदित हो गए।

तुरंत डेडेकाइंड ने संपादक को पत्र लिखा, 'मेरी अपनी डायरी के अनुसार इस दिवस को मैंने अच्छे स्वास्थ्य के साथ गुजारा और 'व्यवस्था एवं सिद्धांत' विषय पर

अच्छी बातचीत का आनंद अपने अतिथियों तथा दोस्तों के साथ उठाया और अपने मित्र हेल के जॉर्ज कैंटॉर का सम्मान किया।'

❖

डेवी, हंफ्री

सबसे बुरे वर्णनवाला गृहयुद्ध

जब इंग्लैंड और फ्रांस के बीच युद्ध हो रहा था, तब उसी दौरान अंग्रेज रसायनज्ञ हंफ्री डेवी (1778-1829) ने महान् फ्रांसीसी जनरल नेपोलियन से बिजली में अपने योगदान के लिए खुशी-खुशी पुरस्कार ग्रहण किया था। जब कुछ लोगों ने मना किया तो उन्होंने कहा, '…दो देश और सरकारें युद्ध में लगी हैं। विज्ञानकर्मी युद्ध में नहीं हैं। यह वस्तुतः सबसे बुरे वर्णनवाला गृहयुद्ध होगा।'

❖

डेस्काट्‌र्स, रेने

जब तक पड़े रहें, तभी तक फिट

फ्रांसीसी दार्शनिक और गणितज्ञ रेने डेकाट्‌र्स (1596-1650) बचपन से ही कमजोर और कृशकाय थे। जगने के बाद जब तक वे दोपहर तक नहीं टहलते तब तक स्वस्थ नहीं महसूस करते। इसीलिए उन्होंने दोपहर तक खुद को चादर में लपेटकर बिस्तर पर पड़े रहने की आदत डाल ली। ऐसा कहा जाता है कि उनका दिमाग अच्छे से तभी काम करता, जब वे लेटे हों और गरमी महसूस करते हों। उनके सभी गंभीर दार्शनिक और गणितीय चिंतन बिस्तर पर ही दोपहर के पूर्व संपन्न हुए थे।

शाही निवेदन की वजह से मृत्यु

समन्वित ज्यामिति (को-ऑर्डिनेट ज्योमेट्री) के जन्मदाता डेस्काट्‌र्स गंभीर रूप से बीमार पड़े। स्वीडन की रानी क्रिस्टीना को उसके विशाल, ठंडे शाही कक्ष में हर सुबह पाँच बजे दर्शन पर व्याख्यान देना शुरू करने के बाद उनकी मौत साँस

संबंधी समस्याओं की वजह से हो गई थी। डेस्कार्ट्स को ठंडे मौसम से नफरत थी। हॉलैंड के दूरवर्ती इलाके में रहते और सारा समय समकालीन विद्वानों को पत्र लिखने, बागवानी करने और ध्यान लगाने में बिताते थे; मगर रानी के द्वारा किए गए उन्हें पढ़ाने का निवेदन नम्र होने के कारण ठुकरा न सके। न ही रानी को समय और स्थान बदलने के लिए वे तैयार कर पाए, क्योंकि उन्हें शाही कक्ष में ठंडक महसूस होती थी।

❖

थॉमसन, जोसेफ जॉन

नोबल पुरस्कार प्राप्तकर्ताओं के गुरु

जे. जे. थॉमसन (1856-1940) ब्रिटिश भौतिकीशास्त्री थे। उन्हें 'इलेक्ट्रॉन का जनक' कहा जाता है। उन्होंने नोबल पुरस्कार भी जीता था। वे अन्य शिक्षकों से इस मायने में भिन्न थे कि उन्होंने लगभग आठ नोबल पुरस्कार विजेताओं को पढ़ाया था।

उपन्यास पाठक

जे. जे. थॉमसन उपन्यास खूब पढ़ते थे। वे लगभग हर रात एक उपन्यास खत्म कर देते थे। वे हर रोज नए उपन्यास के साथ तैयार मिलते और किसी भी हद तक उन तमाम उपन्यासों में से किसी पर बात कर सकते थे।

❖

थॉम्पसन, बेंजामिन

तलाकशुदा वैज्ञानिक

अमेरिकी मूल के ब्रिटिश भौतिकीशास्त्री बेंजामिन थॉम्पसन (1753-1814) काउंट रमफोर्ड के नाम से खूब लोकप्रिय थे। उन्होंने ऊष्मागतिकी के पहले नियम को खोजा था। उन्होंने महान् फ्रांसीसी वैज्ञानिक एंटनी लॉरेंट लावोजियर

(1743–1794) की सुंदर विधवा पत्नी से शादी की, परंतु बारंबार झगड़ा होने के कारण चार वर्षों बाद ही उसे तलाक दे दिया।

❖

दा विंची, लियोनार्दो

रेखाचित्र, जो कभी शक्ल नहीं ले पाए

लियोनार्दो दा विंची (1452–1519) इटली के मशहूर कलाकार और चित्रकार थे। उनकी नोटबुक पुराने युद्धक तोप, उड़नेवाली मशीनों, गीयर और उपकरणों के रेखाचित्रों से भरी हुई थीं; मगर कौतुक की बात यह है कि सिवा एक आविष्कार के कोई भी चीज उनकी जिंदगी में हकीकत में नहीं बदल पाई थी। एकमात्र आविष्कार चक्के का ताला (ह्वील लॉक) था। यह धातु की बनी एक युक्ति है, जो बारूद जैसे ज्वलनशील पदार्थ के दहन के लिए चिनगारी प्रदान करती है। लियोनार्दो दा विंची अपनी मौत के वक्त भी अपने आस-पास के लोगों से कह रहे थे, 'यदि कुछ भी हो तो मुझे बताना।'

❖

धर, नील रतन

नील रतन धर परिघटना!

हालाँकि नील रतन धर (1892–1986) अल्पज्ञात भारतीय वैज्ञानिक हैं, परंतु अपने नब्बे वर्ष से अधिक के जीवनकाल में उन्हें स्वतंत्रता पूर्व भारत का सबसे ज्यादा कर्मठ और ओजस्वी वैज्ञानिक समझा जाता था। वे एक ऐसे योग्य शिक्षक थे, जिसने कभी भी पाठ्यक्रम के मुताबिक नहीं पढ़ाया। उन्होंने मितव्ययिता में जीवन बिताया और पैसे बचाए, जिससे वैज्ञानिकों के लिए फेलोशिप और अनुदान कोष की स्थापना की। उन दिनों शोध के लिए कोई धनराशि उपलब्ध नहीं थी। उन्होंने अपनी पत्नी के नाम पर इलाहाबाद में 'शीलाधर मृदा विज्ञान संस्थान' की स्थापना की थी। मृदा विज्ञान में योगदान के लिए नोबल पुरस्कार हेतु उन्हें नामांकित भी किया गया था।

सन् 1917 में लंदन विश्वविद्यालय से डी.एस-सी. की डिग्री पाने के बाद भारतीय शिक्षा सेवा के लिए उन्होंने अपना नाम पंजीकृत करवाया था। दो वर्ष बाद पेरिस से लौटकर स्टेशन से सीधे ब्रिटिश बोर्ड के शिक्षा कार्यालय यह पता करने के लिए वे गए कि भारत में अध्यापकी का अवसर उन्हें मिल रहा है या नहीं। बंद गले के कोट और पाजामे में उनका व्यक्तित्व बेतुका लगता था; लेकिन अपनी आदत के मुताबिक उन्होंने कभी भी वेशभूषा की परवाह नहीं की।

एक छोटे कद का अंग्रेज व्यक्ति आगे आया और कुछ कागजात देखने के बाद बोला, 'हाँ! डॉ. धर, दो वर्ष पूर्व ही आपका नाम आई.ई.एस. के लिए पंजीकृत हो चुका है। लेकिन इतने समय तक आप क्या कर रहे थे?'

'…मैं सोर्बोन के अध्ययन के लिए पेरिस गया था।' धर ने उत्तर दिया।

अंग्रेज व्यक्ति ने कहा, 'ओह! ऐसी बात थी! तो तुम सुंदर फ्रांसीसी लड़कियों के साथ पेरिस घूम रहे थे, है कि नहीं?' धर ने प्रत्युत्तर दिया, 'मैंने सोर्बोन साइंस फैकल्टी में पढ़ाई की और स्टेट डॉक्टरेट ऑफ साइंस की डिग्री हासिल की।' अंग्रेज व्यक्ति ने सवाल किया, 'लेकिन तुम ऐसा कैसे कर सकते हो? विदेशियों को स्टेट डॉक्टरेट ऑफ साइंस की डिग्री नहीं दी जाती है।'

धर ने तुरंत अपना बैग खोला और डॉक्टरेट डिग्रीवाला प्रमाण-पत्र निकाला। अंग्रेज व्यक्ति यह देखकर भौंचक्का रह गया। अगले दिन धर को सूचना मिली कि उन्हें आई.ई.एस. के तहत रसायन विज्ञान के प्राध्यापक के रूप में नियुक्त किया गया है। इसके बाद उन्हें भारतीय विश्वविद्यालयों से आमंत्रण मिले। उन्होंने अध्यापन के लिए इलाहाबाद विश्वविद्यालय चुना, जहाँ उन्होंने रसायनशास्त्र विभाग में एक अंग्रेज प्राध्यापक की जगह ली। उस समय उनकी उम्र मुश्किल से सत्ताईस वर्ष थी।

❖

नर्न्स्ट, वाल्टर

तीन बार दफनाए गए

निरंकुश व्यक्तित्व के लिए चर्चित जर्मन भौतिकीशास्त्री वाल्टर नर्न्स्ट (1864-1941) को गोटिंजन, बर्लिन और पूर्वी प्रशिया में तीन बार दफनाया गया। उन्हें पहली बार पूर्वी प्रशिया में दफनाया गया। मगर जब यह रूस का हिस्सा हो

गया, तब उनका शव बर्लिन के कब्रिस्तान में स्थानांतरित कर दिया गया। उसके बाद उन्हें गॉटिंजन की नगरपालिका के कब्रिस्तान ले जाया गया, जहाँ अन्य जर्मन भौतिकीशास्त्री दफनाए गए थे।

❖

न्यूकॉम्ब, साइमन

वैज्ञानिक प्रणाली का प्रतिपादक

कैनेडियाई मूल के अमेरिकी खगोलशास्त्री साइमन न्यूकॉम्ब (1835–1909) ने आर्थिक मामलों, जैसे—वित्त, व्यापार, टैक्स, मुद्रा, उपयोगिता के तर्क पर विशेष जोर देते हुए श्रम, विज्ञान और गणित पर काफी विस्तार से लिखा। उन्होंने 'प्रिंसिपल्स ऑफ पॉलिटिकल इकोनॉमी' नामक एक शास्त्रीय पुस्तक भी लिखी। उन्होंने सामाजिक स्थितियों को समझने के लिए वैज्ञानिक प्रणाली अपनाए जाने की जरूरत पर काफी जोर दिया था। उन्होंने ईसाइयत का भी विश्लेषण वैज्ञानिक प्रणाली से किया। संक्षेप में, वे वैज्ञानिक प्रणाली के प्रतिपादकों में से एक थे।

❖

न्यूटन, आइजक

दयनीय बचपन

महान् ब्रिटिश भौतिकीशास्त्री आइजक न्यूटन (1642–1727) का नाम उनके पिता के नाम पर पड़ा था। उनके पिता की मौत न्यूटन के जन्म के तीन महीने पूर्व हो गई थी। किसी ने उनके पिता के बारे में टिप्पणी की थी, 'असभ्य, विवेकशून्य और कमजोर आदमी।'

जब न्यूटन का जन्म हुआ तो वे बहुत ही छोटे और कमजोर थे। उन्हें देखकर ऐसा लगा कि उनका एक सप्ताह भी बच पाना मुश्किल है। जब उनकी आयु तीन वर्ष की थी तो उनकी माँ ने पुनर्विवाह कर लिया। उनकी परवरिश उनके पितामह की देखरेख में हुई।

शेर के पंजों का स्पर्श

चौवन वर्ष की आयु में आइजक न्यूटन को दौरा पड़ा था। ठीक होने के बाद उन्हें इंग्लिश मिंट के वार्डन के पद का प्रस्ताव किया गया। यह पद लाभकारी राजनीतिक पद था। सबने सोचा कि न्यूटन ने इस पद को स्वीकार कर लिया, क्योंकि गणित और विज्ञान से पुराना नाता छूटे काफी समय हो गया था। उन्हीं दिनों एक अल्पज्ञात गणितज्ञ जॉन बरनौली (बरनौली प्रमेयवाले बरनौली नहीं) ने सार्वजनिक तौर पर विश्व के सभी गणितज्ञों को चुनौती दी। चुनौती छह महीने के अंदर एक वक्र आकृति की गणना करने की थी, जिसके साथ एक बॉडी दी गई स्थितियों में न्यूनतम समय के अंदर गिरेगी। न्यूटन को भी चुनौती की एक छपी हुई प्रति मिली। उन्होंने चौबीस घंटे के अंदर हल करके इसे डाक से बरनौली के पास भेज दिया। इसमें उन्होंने अपने नाम का जिक्र नहीं किया। जब बरनौली ने हल को पढ़ा तो न्यूटन की शैली को भाँप गए और टिप्पणी की, 'इसमें शेर के पंजों का स्पर्श है। इसने निस्संदेह फिर से साबित कर दिया था कि न्यूटन अभी भी सर्वोत्तम हैं।'

न्यूटन और साधारण जन

आइजक न्यूटन की कई खंडोंवाली विद्वत्तापूर्ण और क्रांतिकारी रचना 'प्रिंसिपिया' आज भी आम आदमी की समझ के बाहर है, उन दिनों की तो बात ही छोड़ दें।

हालाँकि उनकी अगली पुस्तक 'ऑब्जर्वेशन ऑन द प्रोफेसीज' सन् 1728 में प्रकाशित होने के बाद खूब लोकप्रिय हुई। यह पुस्तक उनकी मृत्यु के एक वर्ष बाद प्रकाशित हुई थी।

❖

न्यूमैन, जॉन वॉन

तेजस्वी, मगर अकुशल

हंगेरियाई मूल के अमेरिकी गणितज्ञ और कंप्यूटर विशारद जॉन वॉन न्यूमैन (1903–1957) की याददाश्त गजब की तेज थी। एक बार उनसे चार्ल्स

डिकेंस की रचना 'ए टेल ऑफ टू सिटीज' सुनाने के लिए कहा गया; जिसे उन्होंने बाईस वर्ष पहले पढ़ा था। उन्होंने सुनाना शुरू किया, 'इट वाज द बेस्ट ऑफ टाइम्स, इट वाज द वर्स्ट ऑफ टाइम्स...' पंद्रह मिनट भी पूरा नहीं हुआ था कि जिन्होंने उनसे सुनाने का आग्रह किया था, वही लोग बंद करने के लिए निवेदन करने लगे। उन्होंने 'कैंब्रिज एंशिएंट हिस्ट्री' और 'कैंब्रिज मेडिएवल हिस्ट्री' के सभी इक्कीस खंड कंठाग्र कर लिये थे। उन्हें यूरोप के शाही परिवारों के तमाम लोगों के नाम भी याद थे। वॉन न्यूमैन उपयुक्त समय पर तुलनात्मक अंदाज में चुटकुला सुनाना कभी नहीं भूलते थे। उन्हें छोटी-छोटी भोंडी कविताओं का खजाना समझा जाता था।

हालाँकि वे तकनीकी मामलों में बिलकुल बौड़म थे। वे अपनी कार का पहिया भी नहीं बदल सकते थे। उन्हें गाड़ी चलानी भी नहीं आती थी। वे प्रिंसटन की सड़कों पर प्रतिवर्ष एक कार बरबाद कर देते थे।

झक्की प्रतिभाशाली

जॉन वॉन न्यूमैन झक्की स्वभाव के प्रतिभावान् व्यक्ति थे। उन्हें गणितज्ञों में देव जैसा माना जाता था। हंगेरियाई नोबल पुरस्कार विजेता यूजीन विग्नर (1902-1995) ने एक बार उनके बारे में कहा, 'उन्हें पक्के औजार बनाने की पक्की समझ थी, जिसके गीयर एक इंच के हजारवें हिस्सेवाली जगह में सटीक रूप से चल सकें।' दूसरी ओर कुछ अन्य, खासकर महिलाएँ, महसूस करतीं कि उनका व्यवहार बच्चों जैसा है। वे एहसासों के प्रति संवेदनहीन हैं और उनका भावनात्मक विकास नहीं हुआ है। बच्चों के खिलौनों के प्रति उनका दीवानापन यह दरशाता था कि किसी भी नए यंत्र के प्रति उनमें कितना उत्साह है। ट्रैफिक जाम में वे खेलने भी लगते थे।

❖

पारासेल्सस

नाम में क्या रखा है?

मध्य युगीन स्विस भौतिकीशास्त्री और रसायनज्ञ पारासेल्सस (उनका छद्म नाम (1493-1541) का असली नाम थीयोफ्रैस्टस बॉम्बास्टस वॉन हॉएनहीम

था। रोमन चिकित्सक सेल्सस से प्रभावित होने के कारण उन्होंने पारासेल्सस नाम अपना लिया था। वे सेल्सस से भी बढ़िया काम करने की इच्छा रखते थे। स्वभाव से झक्की, झगड़ालू और दिखावा करनेवाले व्यक्ति थे। उन्होंने रासायनिक प्रविधि से औषधियों के उपभोग से संबंधित 'इएट्रोकेमिस्ट्री' की बुनियाद रखी थी। औषधि प्रतिष्ठानों से हमेशा उनका झगड़ा चलता था। उन्होंने चिकित्सा से संबंधित कई पुस्तकें लिखीं, जिसमें उन्होंने अपने विरोधियों के लिए गंदी भाषा का उपयोग किया। उनका विचार था कि एक चिकित्सक को शल्य चिकित्सा भी आनी चाहिए। उन्होंने लिखा, 'यदि आप चिकित्सक नहीं हैं तो आप दरजी की भाँति सिर्फ यांत्रिक कटाई-छँटाई करने के अलावा क्या कर सकते हैं? एक दूसरी जगह पर उन्होंने लिखा, 'अगर एक चिकित्सक शल्य चिकित्सक भी नहीं है तो वह रँगे-पुते बंदर की भाँति एक मूर्ति जैसा है।'

चिकित्सा विज्ञान के शिक्षकों की खिल्ली उड़ाते हुए उन्होंने लिखा, 'जूँ मारते और खुरचते शिक्षक··तुम उस कुत्ते के भी समान नहीं हो, जो अपने विरोधी लोगों के सामने पिछली टाँग उठाएगा।'

———— ❖ ————

पॉलिंग, लाइनस

सीखने के दौरान धनार्जन

अमेरिकी रसायनशास्त्री लाइनस पॉलिंग (1901-1994) को दो बार नोबल पुरस्कार प्राप्त हुआ था। पहली बार रसायनशास्त्र में, दूसरी बार शांति के लिए। वे छोटे-छोटे काम करना पसंद करते थे। वे चूल्हे के लिए लकड़ियाँ काटते थे। गोमांस काटने का काम करते थे। रसोईघर की फर्श साफ करते थे। यह सारा काम महाविद्यालय में अपनी पढ़ाई जारी रखने के लिए वे करते थे। पैसे के अभाव में कई बार वे भूखे भी रह जाते थे।

———— ❖ ————

पॉली, वॉल्फगैंग

बीस वर्ष की उम्र में ही जीनियस

प्रख्यात जर्मन गणितज्ञ फेलिक्स क्लीन किसी ऐसे व्यक्ति की तलाश कर रहे थे, जो नवघोषित आइंस्टीन के सापेक्षता के सिद्धांत पर एक लेख लिख सके। उन्हें यह लेख 'इनसाइक्लोपीडिया ऑफ मैथेमेटिकल साइंसेज' के लिए चाहिए था, जिसका संपादन वे कर रहे थे। उन्होंने म्यूनिख में भौतिकी के प्राध्यापक एरनॉल्ड सोमरफील्ड से पूछा, 'यदि वे किसी ऐसे व्यक्ति को जानते हों जो इस कठिन काम को कर सके तो बताएँ।'

बिना दुबारा सोचे सोमरफील्ड ने अपने बीस वर्षीय छात्र का नाम बता दिया, जिसने सुस्ती भरे क्लास के दौरान आइंस्टीन का पेपर पढ़ा था। उस छात्र ने आइंस्टीन के सिद्धांत पर एक लेख लिखा, जिसे आज भी 'सापेक्षिकता के सिद्धांत' को समझानेवाला बढ़िया लेख माना जाता है।

क्या आप जानना चाहेंगे कि वह कौन था? वॉल्फगैंग पॉली (1900–1958) परमाणु भौतिकी की एक मशहूर शख्सियत थे। सन् 1945 में उन्हें नोबल पुरस्कार प्राप्त हुआ।

असाधारण अक्खड़पन

वॉल्फगैंग पॉली प्रथम श्रेणी के भौतिकीशास्त्री थे, परंतु अक्खड़ एवं अधीर स्वभाव के थे।

एक दिन नौजवान पॉली अपने से वरिष्ठ एक प्रख्यात सैद्धांतिक भौतिकीशास्त्री पॉल एरेनफेस्ट से मिले। एरेनफेस्ट ने कहा, 'मैं तुमसे ज्यादा तुम्हारे पेपर्स को पसंद करता हूँ।'

पॉली ने जवाब दिया, 'कितनी विचित्र बात है! मैं आपके पेपर्स से ज्यादा आपको पसंद करता हूँ।'

एक अन्य मौके पर। रूसी भौतिकीशास्त्री लेव डेविडोविच लैंदॉ ने अपने व्याख्यान में किसी चीज का जिक्र किया, तब पॉली ने टिप्पणी कर दी थी। लैंदॉ ने नम्रतापूर्वक पूछा, 'क्या आप सोचते हैं कि जो मैंने कहा, वह बेतुका है?'

पॉली ने जवाब दिया, 'बिलकुल नहीं! बिलकुल नहीं। जो आप कह रहे हैं वो

इतना संशय पैदा करनेवाला है कि मैं बता नहीं सकता कि यह बेतुका है या नहीं।'

पॉली-प्रभाव

क्या आपको मालूम है कि पॉली-प्रभाव क्या है ? वॉल्फगैंग पॉली पूर्णतः सैद्धांतिक भौतिकीशास्त्री थे। इन अर्थों में कि उन्होंने अपना सारा काम कलम और कागज तक ही सीमित रखा था। जो सिद्धांत उन्होंने प्रतिपादित किए उसे कागज पर उतार दिया, उसकी जाँच के लिए कभी प्रयोग नहीं किया। इसकी खोज भौतिकीशास्त्रियों ने तब की जब पॉली की उपस्थिति में सभी उपकरण बिना किसी प्रत्यक्ष कारण के टूटे हुए मिलते थे। यह चर्चा पूरे यूरोप में थी। जब भी पॉली किसी प्रयोगशाला में जाते तो सैद्धांतिक भौतिकीशास्त्रीगण बेचैनी और परेशानी महसूस करते थे—कहीं पॉली-प्रभाव की वजह से उपकरण टूट न जाएँ।

जो पॉली ने सोचा

भारतीय भौतिकीविद् और विज्ञान लेखक जगदीश मेहरा ने एक बार पॉली से पूछा, 'आप परमाणु बम के जनक और अपने समकालीन भौतिकीशास्त्री जे. रॉबर्ट ओपनहीमर के बारे में क्या सोचते हैं ?' पॉली ने कहा, 'वह हमेशा ईश्वर जैसी नकल करता है।' जर्मन गणितज्ञ हरमैन वील के बारे में पूछा तो उन्होंने कहा, 'उसके विचारों को समझने के लिए पहले उसका मुखड़ा देखना होगा।' लीयोन रोजेनफील्ड नामक भौतिकीविद् के बारे में उन्होंने फरमाया—'वह पोप (नील्स बोर) का क्वाएरबॉय (गायक दल का एक सदस्य) है।' अमेरिकी भौतिकीशास्त्री रिचर्ड फेनमैन के बारे में वे बोले, 'ओ! फेनमैन! वह गैंगस्टर की तरह बात करता है।'

❖

पाश्चर, लुईस

अपवित्र करने की बजाय मृत्यु स्वीकार है

सन् 1885 की बात है। जब जोसफ मीस्टर की उम्र नौ वर्ष की थी तो एक पागल कुत्ते ने उन्हें चौदह बार काटा था। उन्हें रेबीज के विषाणुओं ने संक्रमित कर दिया। यह बीमारी फ्रांस में खूब फैली थी और कई जानें ले चुकी थीं। किसी

तरह जोसफ के मामले की सूचना उस समय के महान् जीव विज्ञानी लुईस पाश्चर (1822-1895) के पास लाई गई। उस वक्त पाश्चर ने एक पागल खरगोश की मेरुरज्जु से एक टीका (वैक्सीन) बनाया था और कुछ जीवों पर इसकी सफल जाँच की थी। मनुष्य पर इसके प्रभाव की चिंता किए बगैर उन्होंने इस टीके की जाँच जोसफ पर कर डाली। कुछ समय बाद मीस्टर स्वस्थ हो गया। इससे दुनिया भर में पाश्चर को प्रशंसा मिली। अंततः रेबीज का इलाज मिल गया था। बाद में पाश्चर ने पेरिस में 'पाश्चर संस्थान' की स्थापना की। मृत्यु के बाद उन्हें संस्थान के चैपल में दफना दिया गया। जब मीस्टर बड़ा हुआ तो पाश्चर संस्थान का संरक्षक बना।

दूसरे विश्वयुद्ध के दौरान नाजी जर्मनी ने फ्रांस पर हमला कर दिया था और पेरिस पर कब्जा जमा लिया था। किसी संदेह के कारण फौजी अफसरों में से एक ने मीस्टर को पाश्चर की सुसज्जित और अलंकृत क्रिप्ट को खोलने के लिए कहा, मगर मीस्टर नहीं माना। इसकी बजाय उसने आत्महत्या कर ली। पाश्चर के क्रिप्ट को अपवित्र करने की बजाय उसने मौत को गले लगाना बेहतर समझा।

❖

पास्कल, ब्लेज

विलक्षण बालक

फ्रांसीसी गणितज्ञ और भौतिकीशास्त्री ब्लेज पास्कल (1623-1662) ने बारह वर्ष की उम्र तक गणित और ज्यामिति में महारत हासिल कर ली थी। उन्होंने इसके लिए अपने नए शब्द भी गढ़ने शुरू कर दिए थे, जैसे सीधी रेखा के लिए 'बार' और वृत्त के लिए 'राउंड' आदि। उनके पिता उन्हें पढ़ाते थे। बच्चों को पढ़ाने के बारे में उनका अपना ही विचार था। वे ब्लेज को किताब की मदद से गणित रटने की अनुमति नहीं देते थे। एक बार ब्लेज पास्कल के दाँत में तेज दर्द हुआ। दर्द तब जाकर थमा जब उन्होंने ज्यामिति का एक प्रॉब्लम हल कर लिया।

इकतीस वर्ष की उम्र में ब्लेज पास्कल मौत का शिकार होते-होते बच गए थे। उनके ऊपर घोड़ागाड़ी चढ़ गई थी। इस घटना का उनपर ऐसा असर पड़ा कि उन्होंने अपना शेष जीवन ईश्वर को समर्पित कर दिया तथा गणित और विज्ञान छोड़कर धार्मिक मामलों में लग गए। उनकी कुल जीवन-अवधि उनतालीस वर्ष की थी।

जीवन के अंतिम क्षणों में उन्होंने धर्म पर 'पेनसीज' नामक एक पुस्तक लिखी। इस पुस्तक से उन्हें फ्रांस में खूब ख्याति मिली। ऐसा कहा जाता है कि इस पुस्तक को लिखने की प्रेरणा उन्हें महान् फ्रांसीसी उपन्यासकार वाल्टेयर से मिली।

❖

पैपिन, डेनिस

वैज्ञानिक रात्रिभोज

फ्रांस के डेनिस पैपिन (1647–1712) भौतिकीशास्त्री होने के साथ-साथ वाष्प इंजन के प्रारंभिक प्रणेता भी थे। उन्होंने लंदन की रॉयल सोसाइटी से आए मेहमानों के लिए रात्रिभोज आयोजित किया था। उस भोज में उन्होंने भोजन 'प्रेशर कुकर' में बनाया था, जिसका आविष्कार उन्होंने ही किया था। इस प्रेशर कुकर को वे 'हड्डी पचानेवाला' कहते थे। मेहमानों ने इस आविष्कार का व्यापारिक महत्त्व समझे बिना भोजन का खूब लुत्फ उठाया। दूसरी तरफ पैपिन ने इसे वाष्प इंजन बनाने की दिशा में एक कड़ी माना, जो उनके जीवन का एकमात्र दीवानापन था।

❖

फॉरेस्ट, ली डि

पेटेंट की लड़ाई का योद्धा

अमेरिका के ली डि फॉरेस्ट (1873–1961) ने ट्रायोड वॉल्व का आविष्कार किया था, जिसने इलेक्ट्रॉनिक क्रांति के क्षेत्र में गति ला दी थी। अभी तक ट्रांजिस्टर का आविष्कार नहीं हो पाया था। इस वजह से ट्रायोड की धूम थी। ली के जीवनकाल का अच्छा-खासा समय पेटेंट उनके अधिकार का हनन करनेवालों के खिलाफ मुकदमा करने में बीता। उन्होंने कभी भी नतीजों की परवाह नहीं की।

1912–13 के दौरान जब उनका कैरियर शिखर पर था, तो अपने संभावित निवेशकों को भ्रामक बयान जारी कर धोखा देने का आरोप डिफॉरेस्ट पर लगा था। उन्होंने भविष्यवाणी की थी कि एक दिन मनुष्य की आवाज अटलांटिक पार तक प्रसारित हो पाएगी।

निर्णायक मंडल ने किसी तरह उनकी भविष्यवाणी को सही मानकर उन्हें बरी कर दिया, क्योंकि भविष्यवाणी अग्रणी भौतिकीशास्त्री और आविष्कर्ता के द्वारा की गई थी।

❖

फिंच, जॉर्ज इंगल

विज्ञान और शौक

विज्ञान के शिक्षक अकसर शौक नहीं रखते हैं, क्योंकि विज्ञान के छात्र अपने अध्ययन में पूरा ध्यान नहीं लगा पाते हैं। यद्यपि शौक विज्ञान में महत्त्वपूर्ण योगदान कर सकते हैं और यह शौक किसी को अमर बना सकता है। जॉर्ज इंगल फिंच (1888-1970) का मामला कुछ ऐसा ही है। जॉर्ज ब्रिटिश रसायनज्ञ थे। उनका नाम पर्वतारोहण में अमर है। पर्वतारोहण का शौक उन्हें युवावस्था से ही था।

किशोरावस्था में फिंच ने यूरोप की कई छोटी पहाड़ियों की चोटियाँ छू ली थीं, खासकर स्विट्जरलैंड में आल्प्स की। सन् 1922 में उन्होंने माउंट एवरेस्ट की चोटियों पर अपने कदम रखे थे। बर्फीले पर्वतों के ऊपर की स्थितियों को समझते हुए हलके वजनवाले वायुरोधी वस्त्र 'एनोराक' पहनने की शुरुआत की। एनोराक ने भारी ऊनी वस्त्रों की जगह ले ली थी। उन दिनों ठंड से बचने के लिए पर्वतारोही भारी ऊनी वस्त्र पहनते थे। उन्होंने ऑक्सीजन के उपयोग की वकालत की, विशेषतः खुले सर्किटवाले उपकरण के जरिए। जब उन्होंने पहली बार इसके उपयोग की वकालत की तो लोगों ने इसे शक की निगाह से देखा। बाद में इस ऑक्सीजन उपकरण का इस्तेमाल सन् 1953 में न्यूजीलैंड के एडमंड हिलेरी और तेनजिंग नॉरगे द्वारा किए गए प्रथम सफल माउंट एवरेस्ट अभियान के अंतर्गत किया गया।

❖

फिच, जॉन

भाप से चालित पानी के जहाज का आविष्कार

सन् 1785 की बात है। एक दिन अमेरिकी आविष्कारक जॉन फिच (1743-1798) गिरजाघर से वापस घर की ओर लौट रहे थे। यद्यपि गिरजाघर जाते

हुए उन्हें कभी परेशानी नहीं हुई थी, मगर उस दिन गिरजाघर यात्रा उन्हें महँगी पड़ी। अचानक उनके पैर में गठिया का दर्द उठा और चलने-फिरने में बहुत दर्द होने लगा। लँगड़ाते हुए घर लौटने के दौरान रास्ते में उन्होंने एक अमीर आदमी को घोड़े से जुती बग्घी में सवारी करते देखा। तभी उनके दिमाग में यह विचार आया कि यदि वो भाप की शक्ति से बग्घी को चला पाएँ तो आश्चर्यजनक बात होगी। वे घर जाकर इस विचार पर सोचने लगे।

लेकिन जल्दी ही उन्हें लगा कि अमेरिका की सड़कें इस प्रकार के वाहन के लिए उपयुक्त नहीं हैं। तब उन्होंने अपना सारा ध्यान वाष्पचालित जलयान बनाने पर लगा दिया। बाद में उन्होंने वाष्पचालित जलयान का आविष्कार कर डाला।

एक आविष्कारक की अतुकांत कविता

हालाँकि आविष्कारक आसानी से कविता को स्वीकार नहीं कर पाते हैं, लेकिन जॉन फिच अपने जीवन और कुंठा को अतुकांत कविता के रूप में दर्ज कर देते थे—जरा नीचे लिखी पंक्तियों पर गौर करें।

पूरे सात वर्षों के दौरान
जलयानों ने बढ़ाईं आशाएँ और भय मुझमें,
किंतु अब मैं समझता हूँ
कि इसमें और प्रगति व्यर्थ है
और कोई नई रचना
न करने का निर्णय लिया है
न ही किसी के पेटेंटीकरण का सपना है
जहाँ तक मेरे सहयोगियों का है सवाल
भेजता हूँ उन सबको लानत मैं।

'सॉन्ग ऑफ द ब्राउन जग' की निम्नांकित पंक्तियाँ फिच ने अपनी वसीयत के साथ नत्थी कर रखी थीं—

मेरे एक हाथ में जग तो दूसरे में पाइप है
मैं अपने पड़ोसियों और दोस्तों के साथ पिऊँगा
मेरी सारी बेहतरी तंबाकू के कश में है
मैं इसका कश लगाकर बेदम हो जाऊँगा
मुझे मालूम है, मेरा अंत निकट है

अपने राष्ट्र के लिए मैं खुद को परेशानी में नहीं डालूँगा
ध्यान देने के लिए मेरे पास बहुत कुछ है
जो हम देखते हैं दुनिया में वह सिर्फ
दुःख और परेशानी है,
मृत्यु को मैंने
तुरंत इस्तीफा दिया है।
इसलिए हम हँसेंगे, जाम पिएँगे और धुएँ उड़ाएँगे
खयाल रखने के लिए कुछ भी नहीं छोड़ेंगे
रसीले और पके फल की तरह गिर पड़ेंगे
अपने ताबूत में ठंड के वक्त मैं उन्हें कहकर छोड़ दूँगा
'वह गया, कितना सच्चा इनसान था!'

❖

फिशर, एमिल हरमैन

व्यापारी बनने की कोई योग्यता नहीं

जर्मन रसायनज्ञ एमिल हरमैन फिशर (1852-1919) के पिता की गहरी रुचि इसमें थी कि उनका बेटा एक सफल व्यापारी बनकर परिवार की परंपरा को आगे बढ़ाए। उन्होंने फिशर को व्यापार संबंधी जानकारी देने के लिए एक शिक्षक भी रखा था। कुछ ही दिनों बाद शिक्षक निराश हो गया और टिप्पणी की कि लड़का कभी कुछ नहीं कर पाएगा। हार मानकर फिशर के पिता ने घोषणा की कि 'यह लड़का व्यापारी बनने के काबिल नहीं है। यही बेहतर है कि यह विद्यार्थी बने।' उन्होंने उसे उच्च शिक्षा के लिए विश्वविद्यालय भेजा। फिशर ने शोध के लिए रसायन विज्ञान का क्षेत्र चुना। कार्बनिक रसायन के क्षेत्र में उन्होंने मौलिक शोधकार्य किया और सन् 1902 में रसायन विज्ञान का नोबल पुरस्कार प्राप्त किया।

❖

फुलर, रिचर्ड बकमिंस्टर

ब्रह्मांड के संचालन-सिद्धांत की खोज

अमेरिकी इंजीनियर, गणितज्ञ और वैज्ञानिक रिचर्ड बकमिंस्टर फुलर (1895–1983) बत्तीस वर्ष की आयु में आत्महत्या करना चाहते थे; मगर फिर उन्होंने आत्महत्या का इरादा छोड़ दिया और अपना पूरा जीवन धन और सफलता को छोड़कर ब्रह्मांड के संचालन–सिद्धांत की खोज करने का निर्णय लिया। अगले दो वर्ष उन्होंने बिलकुल एकांतवास में बिताए। और परिणाम के रूप में 'इनर्जेटिक सिनर्जेटिक ज्यामिति' सामने लाए। आज वे ज्यामिति पर आधारित भूगणितीय गुंबद के आविष्कार के लिए विख्यात हैं।

❖

फेनमैन, रिचर्ड फिलिप्स

मौज करना

संयुक्त राज्य अमेरिका स्थित कॉरनेल विश्वविद्यालय के भौतिकी के प्राध्यापक और प्रख्यात भौतिकीशास्त्री रिचर्ड फिलिप्स फेनमैन भोजन के लिए फैकल्टी क्लब कभी नहीं जाते थे। इसकी बजाय वे छात्रों के कैफेटेरिया में जाते थे। वे वहाँ स्नैक्स या भोजन लेते थे और विश्वविद्यालय की खूबसूरत लड़कियों को निहारा करते थे।

एक दिन जब वे कैफेटेरिया में थे, तभी एक अजीब घटना घटी। एक लड़के ने प्लेट को उठाकर हवा में फेंका। प्लेट हवा में थरथराती हुई नीचे गिर पड़ी। प्लेट पर विश्वविद्यालय का प्रतीक चिह्न अंकित था। प्रतीक चिह्न थरथराने की तुलना में ज्यादा तेजी से घूमती थी। यह देखकर फेनमैन के मन में उत्सुकता जगी। उन्होंने तुरंत कलम–कागज निकाला और लगे गणना करने। उन्होंने प्लेट के एंबलेम के घूमने की गति और प्लेट के थरथराने के बीच एक संबंध खोज निकाला।

बाद में उन्होंने अपनी खोज को अपने सहयोगी भौतिकीविद् हेंस बेथे (1906–1999) को बताया। बेथें ने उनसे पूछा, 'मगर इसका महत्त्व क्या है?' फेनमैन ने जवाब दिया, 'कुछ भी नहीं। यदि है भी तो मैं इसकी परवाह नहीं करता। मैं सिर्फ आनंद उठाना चाहता था और मैंने उठाया।'

एक सपना सच हुआ

यदि किसी विज्ञान कथा की कोई भी एक बात सच हो जाए तो लेखक की वाहवाही पैगंबर की तरह होती है; लेकिन अगर एक व्यक्ति का पूरा भाषण सच साबित हो जाए, वह भी लेखक के जीते-जी, तो क्या कहना! जब फेनमैन ने अपना मशहूर व्याख्यान दिया तो श्रोताओं में बैठे वैज्ञानिकों ने मजाक उड़ाया और सोचा कि वे हँसी कर रहे हैं।

29 दिसंबर, 1959 को अमेरिकन फिजिकल सोसाइटी की वार्षिक बैठक में रिचर्ड पी. फेनमैन ने 'देअर्स प्लेंटी ऑफ रूम एट द बॉटम' नामक मशहूर व्याख्यान दिया था। यह वह दौर था, जब बिजली इंजीनियर एक ही चिप पर एक से ज्यादा चीजें फिट करने की कोशिश में लगे थे, सबसे ज्यादा शक्तिशाली सूक्ष्मदर्शी की पहुँच से परमाणु बाहर थे और सबसे बेहतर संग्रहण की युक्ति माइक्रोफिल्म थी; परंतु फेनमैन ने परमाणु की आकृति की रेखाएँ उकेरने के बारे में बात की, एंगस्ट्रम के स्तर पर सर्किट बनाने की बात की और पदार्थ के गुणों के नियंत्रण के लिए परमाणुओं को प्रबंधित करने की बात की। नैनो तकनीक का शुक्रिया अदा करें कि फेनमैन की कल्पना हकीकत में बदल गई।

भौतिकी सिर्फ शौक है

रिचर्ड फेनमैन विचित्र व्यक्तित्व के मालिक थे। सत्ता, पुरस्कार और सम्मान की अवमानना करनेवाले फेनमैन हमेशा कहते थे, 'भौतिकी मात्र शौक है; यह मेरा काम और मनोरंजन है।' जब सन् 1965 में उन्हें नोबल पुरस्कार देने की घोषणा हुई तो उन्होंने इस डर से पुरस्कार ले लिया कि कहीं बात का बतंगड़ न बन जाए।

एक बार भारतीय भौतिकीशास्त्री और विज्ञान लेखक जगदीश मेहरा ने फेनमैन से बातचीत के दौरान उनकी पुस्तक 'द बीट ऑफ ए डिफरेंट ड्रम' के बारे में पूछा, 'जब आप किसी नए वैज्ञानिक सवाल से जूझते हैं तो क्या आप शक्ति का एहसास करते हैं?' फेनमैन ने कहा, 'नहीं! मैं ज्यादातर समय स्वयं को बेसुध महसूस करता हूँ; मगर यदि सवाल हल हो जाता है तो खुशी महसूस करता हूँ। हर समय यह मूर्खता का एहसास और खुशी और निराशा की तलाश है।'

बचने की वैज्ञानिक विधि

रिचर्ड फेनमैन कभी भी स्थान और तिथि याद रखने की जहमत नहीं उठाते थे, चाहे सेमिनार या सम्मेलन क्यों न हों, जिनमें उन्हें विशेष व्याख्यान देने के

लिए आमंत्रित किया गया हो। उन्हें पक्का यकीन रहता था कि वो किसी तरह समय पर सेमिनार या सम्मेलन स्थल तक पहुँच ही जाएँगे।

1957 ई. में फेनमैन को यूनिवर्सिटी ऑफ नॉर्थ कैरोलिना द्वारा 'गुरुत्व' पर आयोजित सम्मेलन में व्याख्यान देने के लिए आमंत्रित किया गया। आदत के अनुसार उन्हें न समय याद रहा और न ही जगह याद रही, जब वे कैरोलिना के लिए जहाज से उड़े।

हवाई अड्डे पर उतरकर उन्होंने टैक्सी ली।

टैक्सी ड्राइवर ने पूछा, 'आप कहाँ जाना चाहते हैं?'

फेनमैन ने जवाब दिया, 'यूनिवर्सिटी ऑफ नॉर्थ कैरोलिना।' टैक्सी ड्राइवर ने पूछा, 'कौन सी? रेले स्थित स्टेट यूनिवर्सिटी ऑफ नॉर्थ कैरोलिना या चैपेल हिल स्थित यूनिवर्सिटी ऑफ नॉर्थ कैरोलिना?' इस सवाल को सुनकर फेनमैन स्तब्ध रह गए। उन्हें अंदाजा भी नहीं था कि दो-दो विश्वविद्यालयों के नाम एक ही होंगे।

फेनमैन ने पूछा, 'कहाँ हैं दोनों? यदि दोनों आस-पास हैं तो मैं बारी-बारी से दोनों में जाऊँगा।'

'हाँ, एक यहाँ से दक्षिण दिशा में है और दूसरा उत्तर में। और दोनों यहाँ से बराबर की दूरी पर हैं।' ड्राइवर ने मुसकराते हुए कहा।

फेनमैन ने सहयात्री की ओर नजर दौड़ाई, मगर वहाँ कोई नहीं था।

उन्हें क्या करना चाहिए? क्या दोनों विश्वविद्यालय जाया जाए? अचानक उनके दिमाग में एक विचार कौंधा। उनकी परेशानी से बचाव के लिए एक वैज्ञानिक विधि सूझी।

'सुनो,' फेनमैन ने कहा, 'क्या तुमने ऐसे लोगों को टहलते हुए देखा है, जिनकी निगाहें ऊपर टिकी हों, एक-दूसरे से बातें करते हुए हों, मगर कोई एक-दूसरे पर ध्यान नहीं दे रहा हो, 'ग-मू-नू! ग-मू-नू!' जैसे शब्द बुदबुदाते हों?'

'हाँ! हाँ! उनका पूरा एक झुंड है!' ड्राइवर ने उत्तर दिया। उसका चेहरा खिल उठा, 'सभी चैपल हिल की ओर गए हैं।'

फेनमैन ने मुसकराते हुए कहा, 'ठीक है! फिर मुझे चैपल हिल ले चलो।'

फेनमैन सम्मेलन में समय पर पहुँच गए और अपना व्याख्यान दिया।

फेब्रे, जीन हेनरी

कीटों का होमर

फ्रांसीसी वैज्ञानिक जीन हेनरी फेब्रे (1823–1915) ने बच्चों और साधारण जन के लिए लोकप्रिय विज्ञान की पंचानबे पुस्तकें लिखी थीं। अपने जीवनकाल में वे बहुत लोकप्रिय थे। नोबल पुरस्कार के लिए उन्हें नामांकित भी किया गया था। उन्होंने फ्रांसीसी भाषा में 'इंटोमॉलॉजिकल मेमोरीज' के दस खंड लिखे हैं। इसे सब लोगों ने खूब पसंद किया। फ्रांसीसी लेखक विक्टर ह्यूगो उन्हें 'कीटों का होमर' कहकर पुकारा करते थे।

फेब्रे गाँव के समय संतों की तरह जीवन व्यतीत करते थे। वे मशरूम की उम्दा पेंटिंग भी किया करते थे।

फेब्रे शाम के समय वनस्पति विज्ञान की छात्राओं को पढ़ाने का काम भी किया करते थे। एक बार उनकी अविवाहिता मकान मालकिन ने उन्हें मकान से बाहर निकाल दिया था, क्योंकि उसने सुना था कि फेब्रे ने नवयुवतियों को फूलों की लैंगिक कार्यप्रणाली के बारे में बताया था। आज कीटों पर उनकी पुस्तक फ्रांस की तुलना में जापान में अधिक लोकप्रिय है।

❖

फैराडे, माइकल

बेहतरीन विज्ञान लोकप्रियकर्ता

ब्रिटेन के भौतिकीविद् माइकल फैराडे (1791–1867) विद्युत् चुंबकीयता के सिद्धांत के लिए विख्यात हैं। फैराडे ने विज्ञान को लोकप्रिय करने में महती भूमिका अदा की है। सन् 1826 में उन्होंने हर शुक्रवार की शाम को लंदन के रॉयल इंस्टीट्यूट में उपस्थित जनसमूह के बीच व्याख्यान देने की शुरुआत की थी। इसके बाद उन्होंने नवयुवकों के लिए बड़े दिन (25 दिसंबर) के मौके पर व्याख्यान देने की शुरुआत की। अपने व्याख्यान में वे करके बताते थे। 'केमिकल हिस्ट्री ऑफ कैंडल' नामक उनका व्याख्यान आज भी विज्ञान लोकप्रियकरण की कला में अद्वितीय माना जाता है।

❖

फोंटाना, निकोलो

हकलानेवाला गणितज्ञ

इटली के गणितज्ञ निकोलो फोंटाना (1500–1557) हकलाने की वजह से निकोलो टार्टाग्लिया के नाम से मशहूर हुए।

इतालवी भाषा में 'टार्टाग्लिया' का अर्थ हकलानेवाला होता है। वे बचपन से नहीं हकलाते थे। ब्रेसिका शहर छोड़ते समय कैथेड्रल में माँ के सामने एक फ्रांसीसी फौजी ने उनके चेहरे पर कटार से वार किया था। उन्हें तीन घाव लगे—एक सिर पर और दो चेहरे पर। तभी से उन्होंने हकलाना शुरू कर दिया था। चेहरे पर से कटे का निशान छिपाने के लिए टार्टाग्लिया दाढ़ी बढ़ाकर रखते थे।

❖

फ्रेंकेल, याकोव इलीच

वक्र का वैज्ञानिक विश्लेषण

एक बार की बात है। रूस के सैद्धांतिक भौतिकीशास्त्री और भूतपूर्व सोवियत संघ में विज्ञान शिक्षा के अग्रणी याकोव इलीच फ्रेंकेल (1894–1952) के एक सहयोगी एक कागज लेकर उनके पास आए। कागज पर एक वक्र बना था। वे इस वक्र का वैज्ञानिक विश्लेषण चाहते थे, जो उनके नवीन प्रयोग का परिणाम था। बहुत ही उत्सुकता से फ्रैंकलिन ने हाथ में कागज लिया और उस प्रायोगिक परिणाम का वैज्ञानिक विश्लेषण बताने लगे। अचानक उनके सहयोगी को अपनी गलती महसूस हुई तो कहा, 'क्षमा चाहूँगा, मैंने कागज उलटा रख दिया था।' उन्होंने कागज को घुमाकर सीधा किया। फ्रेंकेल पुनः घुमाए हुए वक्र को देखकर वही वैज्ञानिक विश्लेषण बताने लगे, जो पहले बताया था।

❖

फ्रैंकलिन, बेंजामिन

भाग्यशाली प्रयोगकर्ता

बेंजामिन फ्रैंकलिन (1706–1790) एक वैज्ञानिक के साथ-साथ अमेरिका के एक राजनयिक भी थे। उन्होंने पतंग के प्रयोग के जरिए यह दिखाया कि

आसमान में चमकनेवाली बिजली विद्युत् आवेश का निक्षेपण है। वे भाग्यशाली प्रयोगकर्ता थे। चूँकि इस प्रयोग को करनेवाले दूसरे वैज्ञानिक मारे गए थे, अतः पतंग प्रयोग दुबारा नहीं हो पाया था। हालाँकि फ्रैंकलिन ने भी इस प्रयोग को दुबारा नहीं किया। उनकी व्यावहारिक बुद्धि ने भवन की सुरक्षा के लिए बिजली की छड़ें बनाने के लिए उन्हें प्रेरित किया।

फ्रैंकलिन प्रकाशक, संपादक और पत्रकार भी थे। सत्ताईस वर्ष की उम्र में उन्होंने 'पेंसिलवानिया गजट' नामक दैनिक समाचार-पत्र और फिलाडेस्फिया से 'पूअर रिचड्र्स एलामांक' नामक वार्षिक पत्र निकालना शुरू किया। 'पूअर रिचड्र्स एलामांक' में मौसम, सूर्यास्त-सूर्योदय, चंद्र-दशा और छुट्टियों की जानकारी दर्ज रहती थी। इसमें उनके मशहूर कथन भी होते थे, जो आज भी लोकप्रिय हैं, उदाहरणतः—'ईश्वर सिर्फ उनकी मदद करता है जो खुद अपनी मदद करते हैं; जल्दी सोना और जल्दी जगना व्यक्ति को स्वस्थ, धनी और बुद्धिमान बनाता है; तुम जो आज कर सकते हो, उसे कल पर मत छोड़ो।'

इसके अलावा फ्रैंकलिन दार्शनिक भी थे। इक्कीस वर्ष की उम्र में दार्शनिक विषयों पर विचार-विमर्श करने के लिए फिलाडेल्फिया के नौजवान व्यापारियों और मेकैनिकों का एक समूह उन्होंने बनाया था। यही समूह आगे चलकर संयुक्त राज्य अमेरिका की पहली दार्शनिक सोसाइटी बना, जिसका नाम था 'अमेरिकन फिलॉसोफिकल सोसाइटी'।

❖

फ्लैम्स्टीड, जॉन

अपनी ही कृति आग के हवाले

ब्रिटेन के खगोलशास्त्री जॉन फ्लैम्स्टीड (1646-1719) ने टेलीस्कोप की मदद से पहला आधुनिक तारों का मानचित्र बनाया था। ग्रीनविच स्थित विश्वविख्यात खगोलीय वेधशाला के निर्माण का श्रेय भी उन्हें ही जाता है। वे स्वभाव से पक्के पूर्णतावादी थे। जब तक उन्हें खुद पक्का विश्वास नहीं होता तब तक वे अपनी खोजें और अनुवीक्षण कभी नहीं प्रकाशित करते। इसी वजह से आइजक न्यूटन, एडमंड हेली आदि समकालीन वैज्ञानिक उनसे नाखुश रहते थे। ये लोग ग्रहों के अध्ययन में फ्लैम्स्टीड की मूल्यवान् खोजों और अनुवीक्षणों का उपयोग करना चाहते थे।

एक बार की बात है। बारंबार आग्रह के बावजूद फ्लैम्स्टीड ने अपनी खोजें प्रकाशित नहीं कीं तो हेली ने उन्हें किताब की शक्ल में प्रकाशित कर दिया। जब फ्लैम्स्टीड को इस बात की जानकारी मिली तो वे बहुत नाराज हुए और हेली को अनैतिकता का दोषी ठहराया। किसी तरह वे किताब की कुछ प्रतियाँ पाने में सफल हुए। उन सभी प्रतियों को उन्होंने आग के हवाले कर दिया।

❖

बरजीलियस, जॉन्स जैकब

उद्यान की एक प्रतिमा

स्वीडन के जॉन्स जैकब बरजीलियस (1779-1848) अपने समय के सुविख्यात रसायनज्ञ थे। अपने घरेलू जीवन के लिए उनके पास समय नहीं था। हालाँकि छप्पन वर्ष की उम्र में उन्होंने विवाह करने का निर्णय लिया और अपने से बत्तीस वर्ष छोटी खूबसूरत युवती बेट्टि पॉप्पियस से विवाह किया। शादी के अवसर पर स्वीडन के तत्कालीन बादशाह चार्ल्स चतुर्दश ने बरजीलियस को 'बैरॉन' की उपाधि से नवाजा।

बरजीलियस की मौत के कई वर्षों के बाद एक रात्रिभोज में किसी ने उसकी विधवा से पूछा कि उसका पति क्या था? तो उसने जवाब दिया, 'ओ! मेरे पति! वह तो बरजीली पार्क में एक प्रतिमा हैं!'

❖

बरनार्ड, एडवर्ड इमर्सन

अफवाह का शिकार धूमकेतु खोजी

अमेरिकी खगोलविद् एडवर्ड इमर्सन बरनार्ड (1857-1923) दोहरे सितारों (डबल स्टार्स) की खोज के लिए प्रसिद्ध हैं। वे उत्सुक धूमकेतु खोजी थे। 8 मार्च, 1891 को 'सैनफ्रांसिस्को एग्जामिनर' नामक समाचार-पत्र के पन्ने पलटते समय अपने बारे में एक झूठी खबर पढ़कर वे सन्न रह गए। उस खबर में छपा था कि उन्होंने एक स्वचालित यंत्र बनाया है, जो स्वयं आकाश में तलाश कर सकता है और रासायनिक संरचनाओं के आधार पर धूमकेतुओं को खोज सकता है। इस

आविष्कार के बाद धूमकेतु खोजियों की कोई जरूरत नहीं रह जाएगी।

परेशान बरनार्ड ने 'सैनफ्रांसिस्को एग्जामिनर' के पास चिट्ठियाँ लिखीं कि मैंने इस तरह की कोई युक्ति नहीं ईजाद की है। ये पत्र कभी नहीं छपे। दरअसल बरनार्ड से द्वेष की वजह से उसे अफवाह का शिकार बनाने के लिए पड़ोस के लिक वेधशाला के कुछ खगोलविदों ने यह खबर उस समाचार-पत्र के संवाददाता को दे दी थी। दो वर्षों के बाद समाचार-पत्र ने खेद जाहिर किया।

❖

बरनार्ड, क्लॉड

एक वैज्ञानिक, जिन्होंने पहले नाटक लिखा

फ्रांसीसी चिकित्सा विज्ञानी क्लॉड बरनार्ड (1813-1878) वैज्ञानिक बनने के पूर्व नाटक लिखा करते थे। उनके द्वारा लिखे गए नाटकों में से एक 'ऑर्थर डि ब्रिटेग्ने' का मंचन पेरिस में किया गया था।

❖

बर्थलॉट, पियरे-यूजीन मार्सेलिन

बॉलीवुड शैली में शादी

फ्रांसीसी रसायनज्ञ मार्सेलिन बर्थलॉट (1827-1907) की शादी एकदम बंबइया फिल्मों की शैली में हुई थी। हालाँकि पति-पत्नी दोनों पारिवारिक मित्र थे और प्रायः एक-दूसरे से मिलते रहते थे। बर्थलॉटं ने अपनी खूबसूरत प्रेमिका सोफी को तब तक सीधे-सीधे निहारने की हिम्मत नहीं की जब तक एक दुर्घटना ने उन्हें एक नहीं कर दिया।

जाड़े की एक शाम को जब सोफी पेरिस में पॉण्टन्यूफ के पास पुल पार कर रही थी, तभी वह तेज आँधी की चपेट में आ गई। उसके कपड़े अस्त-व्यस्त हो गए, उसकी टोपी पानी में गिर गई और वह सीधे बर्थलॉट की बाँहों में आ गिरी। पहली बार बर्थलॉट ने सोफी को देखा और उसे प्यार हो गया। उसकी शादी 10 मई, 1861 को हुई। ऐसा प्रचलित है कि बर्थलॉट सोफी से बेहद प्यार करता था। सन् 1907 में सोफी की मौत की खबर सुनने के तुरंत बाद बर्थलॉट की मौत हो गई थी।

❖

बारडीन, जॉन

लॉरेल और हार्डी के दीवाने

अमेरिकी भौतिकीविद् जॉन बारडीन (1908-1991) बचपन में लॉरेल और हार्डी के करतबों के जबरदस्त दीवाने थे। ट्रांजिस्टर के आविष्कार और सुपरकंडक्टिविटी के सिद्धांत में योगदान के लिए उन्हें दो बार नोबेल पुरस्कारों से नवाजा गया। एक बार एक पड़ोसी ने उनकी माँ से पूछा कि क्या वह जानती है कि जॉन तीसरी मंजिल की खिड़कियों से प्रायः लटकता रहता है।

❖

बुश, वैनेवर

एक निश्चित राह का स्वप्न

अमेरिकी इंजीनियर और आविष्कारक वैनेवर बुश (1890-1974) का उद्देश्य था, 'एक निश्चित राह में स्वप्न देखना'। वे दूसरे विश्वयुद्ध के दौरान संयुक्त राज्य अमेरिका के राष्ट्रपति के वैज्ञानिक मामलों के सलाहकार थे। मृत्युपर्यंत वे आविष्कार करते रहे। डिफरेंशियल एनलाइजरवाले कंप्यूटर के आविष्कार के साथ-साथ उन्होंने 'जस्टीफाइंग टाइपराइटर', रैपिड बुक सेलेक्टर, हृदय में लगनेवाला सिलिकन रबर वॉल्व और चिड़ियों को खिलानेवाले यंत्र का आविष्कार किया था। उन्हें मुरगी-पालन और बाँसुरीवादन में खूब मजा आता था।'

❖

बूल, जॉर्ज

अंतिम साँस तक अध्यापन

ब्रिटेन के गणितज्ञ जॉर्ज बूल (1815-1864) शिक्षक के रूप में अपने कर्तव्य के निर्वहण करने के मामले में बड़े पाबंद थे। नवंबर 1864 में एक क्लास लेने के लिए बारिश में भीगते हुए उन्होंने चार किलोमीटर से ज्यादा की पैदल यात्रा की और भीगे कपड़ों में कक्षा में पहुँचे तथा उच्च गणित पर व्याख्यान दिया।

परिणामत: वह न्यूमोनिया के शिकार हो गए और उनकी मृत्यु हो गई।

अपनी मृत्यु के वक्त उन्होंने अपने पीछे 'द लॉज ऑफ थॉट ऑन ह्विच आर फाउंडेड द मैथेमेटिकल थ्योरीज ऑफ लॉजिक एंड प्रोबैबलिटीज' नामक पांडुलिपि छोड़ी थी। पांडुलिपि की शुरुआत यों होती है—'निम्नांकित प्रबंध लेख की डिजाइन मस्तिष्क में होनेवाली इन क्रियाकलापों के, जिनसे तर्क क्रिया संपन्न होती है, मौलिक नियमों के अन्वेषण के लिए है।'

रॉयल सोसाइटी, लंदन के गणितज्ञ इसका अर्थ नहीं ढूँढ़ पाए। बूल की विधवा पत्नी ने कहा, 'कोई मात्र गणितज्ञ इसे नहीं समझ सकता है और न कोई धर्मशास्त्री इसकी कोशिश करना चाहता है।' आज उसी पांडुलिपि ने 'बूलीय बीजगणित' की नींव रखी है। इसी की मदद से आधुनिक कंप्यूटर में गणन का काम संभव हो सका है।

❖

बेकन, फ्रांसिस

रिश्वत निर्णय को प्रभावित नहीं करती

अंग्रेज दार्शनिक फ्रांसिस बेकन (1561–1626) विज्ञान में सबूतों, प्रयोगों और निरीक्षणों के जबरदस्त समर्थक थे। उनकी इसी प्रणाली को आज 'वैज्ञानिक प्रणाली' कहा जाता है। एक बार उन्हें रिश्वत लेने के लिए दोषी ठहराया गया था। उन दिनों वे संत अल्बांस के विस्काउंट थे। वे अदालती मुकदमों पर निर्णय के लिए बैठ गए।

बेकन इस आलोचना को यह कहकर दरकिनार कर देते थे कि रिश्वत ने कभी उनके निर्णय को प्रभावित नहीं किया। वे अपना बचाव यह कहकर करते कि हमेशा उनके निर्णय रिश्वत देनेवालों के खिलाफ ही हुए हैं।

❖

बेग, उलुग

पुत्र द्वारा हत्या का शिकार

उलुग बेग (1393–1449) अरब के राजकुमार और खगोलशास्त्री थे। उन्होंने उज्बेकिस्तान के समरकंद में एक खगोलीय वेधशाला स्थापित की थी और

सितारों की एक नई अनुक्रमणिका बनाई थी। जब उन्होंने एक ज्योतिषी की सलाह पर अपने पुत्र को निर्वासन में भेज दिया तो उस पुत्र ने अपने पिता से बगावत कर उनकी हत्या कर दी।

❖

बैंटिंग, फ्रेडरिक ग्रांट

यदि धन नहीं बाँट सकते तो सम्मान बाँटिए

कनाडा के शरीर-विज्ञानी फ्रेडरिक जी. बैंटिंग (1891-1941) को इंसुलिन की खोज के लिए सन् 1923 का नोबेल पुरस्कार टोरंटो विश्वविद्यालय के प्रो. जे.आर. मैकलिओड (1876-1935) के साथ बाँटना पड़ा था। मैकलिओड ने बैंटिंग को अपनी प्रयोगशाला में थोड़ी सी जगह दी थी, जबकि इसके विपरीत चार्ल्स एच. बेस्ट (1899-1978) को ज्यादा तवज्जो दी थी, जिसने खोज में महत्त्वपूर्ण योगदान किया था। बैंटिंग बहुत नाराज हुए। बहुत समझाने-बुझाने के बाद वे पुरस्कार लेने के लिए तैयार हुए। वे नोबल पुरस्कार पानेवाले प्रथम कनाडावासी थे। उन्होंने पुरस्कार की आधी राशि बेस्ट को दे दी थी।

❖

बैनेक, स्टीफन

गुदड़ी में लाल

सन् 1916 में एक दिन पोलैंड के क्रैको शहर के पार्क में ह्यूगो स्टीनहॉस टहल रहे थे। उन्हें कुछ लोगों की बातचीत सुनाई दी, जिसमें गणितीय शब्द 'लेबेस्ग्यू माप' की चर्चा शामिल थी। ह्यूगो स्टीनहॉस स्वयं भी गणित में डॉक्टरेट की डिग्री हासिल किए हुए थे। इसलिए वे उस ओर आकर्षित हुए। फ्रांस के बाहर इसके बारे में लगभग कोई नहीं जानता था। इसका क्या अर्थ होता है, इसे जाननेवाले भी गणितज्ञ बहुत ही कम थे। आश्चर्य से भरे स्टीनहॉस ने पाया कि वह शब्द गपोड़ियों में शामिल एक नौजवान स्टीफन बैनेक (1892-1945) के द्वारा बोला जा रहा था। स्टीनहॉस ने एक स्थानीय इंजीनियरिंग विद्यालय में सहायक पद की नौकरी दिलवाने में बैनेक की मदद की और उसका कैरियर बनाने में मार्गदर्शन किया।

कालांतर में बैनेक पोलैंड का मशहूर गणितज्ञ बनकर उभरा। अपने तिरपन वर्ष

के जीवनकाल में उसने 'कार्यात्मक विश्लेषण' नामक उच्चतर गणित की एक नई शाखा स्थापित की, जिसे आजकल 'लो स्कूल ऑफ मैथमेटिक्स' के नाम से जाना जाता है।

❖

बैबेज, चार्ल्स

भूतों का दीवाना

ब्रिटेन के प्रथम कंप्यूटर आविष्कारक चार्ल्स बैबेज (1791–1871) बचपन में बड़ों की ही तरह धीर-गंभीर थे। जब उनकी उम्र आठ वर्ष की थी, वे विद्यालय के छात्रावास में रहते थे। तभी से उन्हें प्रेत आदि आकर्षित करते थे। वे उनसे मिलने के लिए उत्सुक रहते थे और उन्हें दोस्त बनाना चाहते थे। इसलिए उन्होंने उनकी आदतों और उनके दिखने के समय तथा स्थान का सिलसिलेवार अध्ययन किया था। यहाँ तक कि एक बार उन्होंने एक वीरान अटारी पर जाकर अपने खून से एक घेरा बनाया। वे उसके अंदर खड़े रहे और प्रेतों को बुलाने के लिए मंत्र बुदबुदाते रहे।

मस्तिष्क शरीर पर शासन करता है

एक बार बचपन में जब चार्ल्स बैबेज को दाँत में तेज दर्द था तो वे अपने बगीचे में सोने जैसे दिख रहे एक सिक्के के ऊपर लड़खड़ा गए थे। उन्होंने चारों तरफ चक्कर लगाया और सिक्के के बारे में पूछताछ की। अंततः उन्हें पता चला कि सिक्का पुराने पीतल का है। इस उत्तेजना में वे अपने दाँत का दर्द भूल गए थे। इस तरह उन्होंने महसूस किया कि यदि कोई व्यक्ति आनंद से भरा हो तो वह अपनी शारीरिक पीड़ा को भूल जाता है। इसके बाद जब कभी उन्हें दाँत दर्द होता तो वे डॉन क्विकजोट या रॉबिन्सन क्रूसो के कारनामों को पढ़ने लगते थे।

संगीतकारों से भय

वृद्धावस्था के दिनों में चार्ल्स बैबेज को सड़क पर वाद्ययंत्र बजानेवाले लोगों से डर लगने लगा था, खासकर ऑर्गन बजानेवालों से। जब भी वे उन्हें देखते, वे

भगा देते थे। उनका आरोप था कि वे उनके काम में बाधा उत्पन्न करते हैं। उनकी हरकतों की वजह से वाद्यवादक उनसे घृणा करते थे। वे गलियों में उनका (बैबेज का) पीछा करने का कोई मौका नहीं छोड़ते। उनकी खिल्ली उड़ाते और उनके चेहरे के सामने आकर ऑर्गन बजाते थे तथा उनकी खिड़की के पास किसी भी वक्त जाकर बिगुल या कोई अन्य बाजा बजाकर उन्हें परेशान करते थे।

सबकुछ एक आविष्कार के लिए

जब चार्ल्स बैबेज को 'एनॉलिटिकल इंजन' बनाने के लिए ब्रिटेन की सरकार से धनराशि नहीं मिल सकी तो एडा लवलेस नामक एक खूबसूरत युवती ने किसी भी तरह से धन कमाने के लिए उन्हें प्रेरित किया था। उसने महसूस किया कि 'एनॉलिटिकल इंजन' की कल्पना बहुत ही महत्त्वपूर्ण है। अतः इसपर प्रयोग होना ही चाहिए। इसीलिए बैबेज ने हर संभावित जगह से धन कमाने की कोशिश की—रेस के घोड़ों पर बाजी लगाने से लेकर धमाकेदार उपन्यास लिखने तक; मगर उनकी सारी कोशिशें बेकार चली गईं। वे एक निराश व्यक्ति की तरह मरे।

❖

बैरो, आइजक

फालतू बच्चा

अंग्रेज गणितज्ञ और ज्यामितिशास्त्री तथा आइजक न्यूटन के शिक्षक आइजक बैरो (1630-1677) बचपन में बहुत ही शरारती थे। वे अकसर लड़ाई-झगड़ा करते रहते थे और दूसरे बच्चों के झगड़ों को बढ़ावा देते रहते थे। उनके पिता उनसे परेशान होकर प्रार्थना करते थे कि यदि ईश्वर उनके बच्चों में से किसी को बुलाना चाहे तो वे आइजक को छोड़ने के लिए तैयार होंगे।

❖

बोंडी, हरमैन

विलंबित उड़ान का शुक्रिया

हरमैन बोंडी (1919-) ब्रिटेन के प्रख्यात खगोल भौतिकीशास्त्री थे। ब्रह्मांड की निरंतरता की स्थितिवाले सिद्धांत के लिए उन्हें प्रसिद्धि मिली। यूरोपीय अंतरिक्ष शोध संगठन के निदेशक के रूप में वे विश्व भर की यात्राएँ किया करते थे। यात्रा के दौरान ही उन्हें दफ्तर के काम करने पड़ते थे। एक बार यूरोप के एक हवाई अड्डे पर विमान के देरी से उड़ान भरने के कारण की जानेवाली प्रतीक्षा के दौरान उन्होंने एक शोधपत्र तक लिख डाला था।

❖

बोर, नील्स

स्वयं को मूर्ख मानने में कोई शर्म नहीं।

डेनमार्क के भौतिकीविद् नील्स बोर (1885-1962) अपने छात्रों के बीच बहुत ही प्रिय थे। उन्होंने कोपेनहेगन में सैद्धांतिक भौतिकी के बेहतरीन विद्यालय की स्थापना की थी। एक बार सोवियत संघ की यात्रा के दौरान उनसे पूछा गया कि इस प्रकार का विद्यालय बनाने में उन्हें कैसे सफलता मिली? उन्होंने उत्तर दिया, 'संभवतः इसलिए, क्योंकि मैंने अपने छात्रों के बीच यह स्वीकार करने में कभी लज्जा महसूस नहीं की कि मैं मूर्ख हूँ।'

लेव डेविडोविच लैंडो द्वारा निर्मित रशियन स्कूल ऑफ फिजिक्स के प्रख्यात रूसी भौतिकीविद् ई.एम. लिफशिट्ज ने इस कथन को रूसी में अनुवाद करके श्रोताओं को बताया, 'संभवतः इसलिए कि मैंने अपने छात्रों से यह कहने में कभी लज्जा नहीं महसूस की कि वे लोग मूर्ख हैं।' जब श्रोता यह सुनकर हँसे तो लिफशिट्ज को अपनी गलती का एहसास हुआ और उन्होंने अपनी गलती सुधार ली। बाद में एक प्रख्यात रूसी भौतिकीविद् और विज्ञान लोकप्रियकर्ता पीटर कैपिट्ज़ा ने कहा कि लिफशिट्ज द्वारा किए गए अनुवाद की गलती सांयोगिक नहीं, बल्कि सायास थी, क्योंकि लैंडो और बोर के विद्यालयों के बीच यही अंतर छिपा है।

अगर आप विश्वास नहीं करते फिर भी यह काम आता है।

नील्स बोर परमाणु की आंतरिक संरचना का मॉडल बनाने के लिए प्रख्यात हैं। अंधविश्वासों और छद्म वैज्ञानिक विश्वासों में उन्हें कतई यकीन नहीं था; परंतु एक बार बोर के घर जब भौतिकीविद् एच.जी.बी. कैसिमिर पधारे तो घर के दरवाजे पर टँगे घोड़े की नाल को देखकर अचंभित रह गए। घोड़े की नाल के बारे में विश्वास किया जाता है कि यह धारक के लिए शुभ होता है।

घोड़े की नाल की ओर इशारा करते हुए कैसिमिर ने पूछा, 'यह क्या है ? क्या ऐसी वाहियात बात में तुम यकीन करते हो ?'

'नहीं ! नहीं !' बोर ने कहा, 'किसने कहा कि मैं इस बेहूदी बात में विश्वास करता हूँ ?'

'तब, तुमने यह क्यों··· ?' कैसिमिर ने पूछा।

'यह अभी भी काम करता है, यद्यपि तुम इसमें विश्वास नहीं रखते हो।' बोर ने मुसकराते हुए उत्तर दिया।

बोर बुरे वक्ता क्यों हैं?

नील्स बोर बेहद बुरे वक्ता थे। यद्यपि उनका छोटा भाई हेरॉल्ड बोर एक श्रेष्ठ गणितज्ञ और गणित का बेहतरीन व्याख्याता था। एक अवसर पर जब हेरॉल्ड से पूछा गया कि ऐसा क्यों है, तो उसने जवाब दिया, 'मैं हमेशा अपने व्याख्यान में उन्हीं चीजों पर बोलता हूँ, जिनका विश्लेषण मैंने पहले कर लिया है; जबकि नील्स उन्हीं चीजों पर बोलता है, जिसपर उसे बाद में विश्लेषण करना है।'

महानता की जाँच

पुर्तगाली भौतिकीविद् एच.जी.बी. कैसिमिर के माता-पिता उन्हें नील्स बोर के निर्देशन में अध्ययन हेतु कोपेनहेगन भेजने के लिए तैयार नहीं थे। उनके माता-पिता चकित थे कि क्यों उनका बेटा आगे की पढ़ाई के लिए विदेशी प्रोफेसर से पढ़ने के उद्देश्य से विदेश जानेवाला है ? तब कैसिमिर ने उन्हें बताया कि बोर सिर्फ साधारण भौतिकीविद् ही नहीं, बल्कि भौतिकी में योगदान के लिए विश्वविख्यात है।

उसके कथन की सत्यता की जाँच के क्रम में कैसिमिर के पिता ने उसके पास

इस पते पर पत्र भेजा—कैसिमिर C/o नील्स बोर, डेनमार्क। पत्र तुरंत कैसिमिर को दे दिया गया। इस घटना से कैसिमिर के पिता को बोर की प्रसिद्धि की आश्वस्ति मिली।

वैज्ञानिक अस्वीकृति पर रोना आया

1950 के दशक में नील्स बोर भारत आए थे। टाटा इंस्टीट्यूट ऑफ फंडामेंटल रिसर्च में अपने व्याख्यान के दौरान उन्होंने क्वांटम यांत्रिकी की अपनी दार्शनिक व्याख्या प्रस्तुत की थी। उन्होंने यह भी बताया कि उनकी दार्शनिक व्याख्या को उनके मित्र अल्बर्ट आइंस्टीन कोई तवज्जो नहीं देते हैं। वर्षों तक वे आइंस्टीन को अपनी व्याख्या के बारे में समझाते रहे थे। आइंस्टीन की इस वैज्ञानिक अस्वीकृति के बारे में बताते हुए उनकी आँखें भर आई थीं। आखिरकार वे रो पड़े।

आइंस्टीन…आइंस्टीन…आइंस्टीन

नील्स बोर भौतिकी के एक सवाल पर अल्बर्ट आइंस्टीन से हुई चर्चा के बाद लिखने की तैयारी कर रहे थे, तभी एक आगंतुक ने उनके कमरे में प्रवेश किया। उन्होंने बैठने के लिए आगंतुक को इशारा किया और वह लिखने को कहा, जो उन्हें कहना था। इस तरह उनका श्रुतिलेख शुरू हुआ। आदत के मुताबिक कमरे की छत और जमीन पर नजर दौड़ाते हुए बोलना शुरू किया, 'आइंस्टीन…आइंस्टीन… आइंस्टीन…'। जब बोर की पीठ दरवाजे की तरफ थी और वह खिड़की से बाहर की ओर देख रहा था, आइंस्टीन चुपचाप कमरे में घुसे। उन्होंने आगंतुक को चुप रहने का इशारा किया और बोर के ड्रॉअर की तरफ बढ़े, जहाँ बोर अपनी तंबाकू रखा करते थे। आइंस्टीन कुछ तंबाकू चुराना चाहते थे, क्योंकि उनके डॉक्टर ने तंबाकू खरीदने से मना किया था। तब तक बोर बिना किसी प्रगति के शब्दों से उलझते रहे, 'आइंस्टीन…आइंस्टीन…आइंस्टीन…'। और जब बोर अचानक मुड़े तो उनकी नजर ड्रॉअर खोलते आइंस्टीन पर पड़ी। कुछ क्षण के लिए दोनों महान् भौतिकीविद् एक-दूसरे को देखकर सन्न रह गए। और उसके बाद जोर का ठहाका लगाने लगे।

चक्कर के बारे में आप क्या सोचते हैं?

दिसंबर 1925 की बात है। एच.ए. लॉरेंट्ज के डॉक्टरेट की स्वर्ण जयंती समारोह में भाग लेने के लिए लीडेन जाने हेतु रेलगाड़ी में सवार हुए। रास्ते में ट्रेन हैंबर्ग स्टेशन पर रुकी। प्लेटफॉर्म पर उस समय के प्रख्यात भौतिकी विज्ञानी बुल्फगैंग पॉली (1900-1958) और ऑटो स्टर्न (1888-1969) इंतजार कर रहे थे। पॉली ने बोर से पूछा, 'प्रो. बोर, चक्कर (स्पिन) के बारे में आप क्या सोचते हैं?'

उन दिनों चक्कर लगानेवाला इलेक्ट्रॉन (स्पिनिंग इलेक्ट्रॉन) नाभिकीय भौतिकी में एक नई संकल्पना थी। इसमें परमाणु के स्पेक्ट्रा में देखी गई निश्चित रेखाओं को परिभाषित किया गया था। बोर ने उत्तर दिया, 'हाँ, यह बहुत ही दिलचस्प है। बोर उन मौकों पर हमेशा इसी प्रकार का उत्तर देते, जब वे किसी संकल्पना या विचार के बारे में पक्के नहीं होते थे, लेकिन उन्हीं क्षणों में उस विचार को उपयुक्त भी पाते थे।

जब बोर लीडेन पहुँचे, तब स्टेशन पर उनकी अगवानी के लिए आए प्रख्यात भौतिकीशास्त्री अल्बर्ट आइंस्टीन और पॉल इहरेनफेस्ट ने उनसे पूछा, 'प्रो. बोर, आप स्पिन के बारे में क्या सोचते हैं?'

बोर ने पुनः उत्तर दिया, 'यह बहुत ही दिलचस्प है, मगर इसमें एक समस्या है।'

इहरेनफेस्ट ने कहा, 'ठीक, इसे आइंस्टीन द्वारा हल कर लिया गया है।'

बोर ने कहा, 'ओह! बढ़िया! फिर यह अच्छी बात है!' लीडेन समारोह में बोर जॉर्ज यूजीन यूलेनबेक (1900-) और सैमुएल अब्राहम गुडस्मिथ (1902-) नामक दो भौतिकी शास्त्रियों से मिले। भौतिकीविदों ने स्पिन संकल्पना का प्रतिपादन किया था। इन्हीं दोनों बोर ने उनसे आग्रह किया कि वे स्पिन संकल्पना पर एक विस्तृत परिपत्र तैयार करें और उन्हें अपनी स्वीकृति दे दी।

बोर लीडेन से गोटिंजेन गए। प्लेटफॉर्म पर उनकी मुलाकात तत्कालीन प्रख्यात भौतिकीविदों वर्नर हेजेनबर्ग (1901-1976) और पास्कल जोर्डान से हुई। उन्होंने पुनः बोर से पूछा, 'प्रो. बोर, आप स्पिन के बारे में क्या सोचते हैं?'

बोर ने उत्तर दिया, 'यह कई चीजों को परिभाषित करता है। यह एक महान् प्रगति है।'

हेजेनबर्ग ने कहा, 'हाँ, कोई और भी इसके बारे में ठीक ऐसा ही कहता है; लेकिन मैं उनका नाम याद कर नहीं सकता कि कौन…'

अपनी यात्रा से लौटते समय उनकी ट्रेन बर्लिन पहुँची। स्टेशन पर पुनः पॉली

को पाकर बोर चकित रह गए। उनसे प्लेटफॉर्म पर मिलने के लिए पॉली ने बर्लिन की विशेष यात्रा की थी। पॉली ने उनसे पूछा कि अन्य भौतिकी शास्त्रियों से मिलने के बाद उसने स्पिन के बारे में क्या सोचा?

बोर ने तुरंत उत्तर दिया, 'बढ़िया, यह एक महान् प्रगति है।' पॉली अपने तीखे अंदाज में तुरंत बोले, 'मैं आशा करता हूँ कि यह पुनः नवीन कोपेनहेगेन विधर्मी विचार नहीं होगा।' (कोपेनहेगन एक स्थान का नाम है, जहाँ भौतिकीविदों ने आधुनिक भौतिकी के बारे में नए विचारों की घोषणा की थी।)

घर लौटने के बाद बोर ने इहरेनफेस्ट को लिखा कि वह इलेक्ट्रॉन स्पिन का पैगंबर बन गया।

फुटबॉल के मैदान में गणित

नील्स बोर कुछ क्लबों के लिए फुटबॉल खेला करते थे। एक अवसर पर, जब वे जर्मनी के एक क्लब के खिलाफ गोलकीपर थे तो कमोबेश पूरे खेल के दौरान फुटबॉल जर्मनी के पाले में रही थी। गेंद जैसे ही अचानक डेनमार्क के पाले में आई, तब बोर को गोलपोस्ट पर कुछ करते हुए पाया गया। दर्शकों के शोर के बाद ही बोर की नींद टूटी। वे तुरंत गोल बचाने के लिए गेंद पकड़ने के लिए दौड़ पड़े। बाद में उन्होंने स्वीकार किया कि वे गोलपोस्ट पर एक गणितीय समस्या सुलझाने में व्यस्त हो गए थे।

बोरहैव, हरमैन

बेहतरीन लेक्चर नोट्स

अठारहवीं सदी के पुर्तगाली रसायनविद् हरमैन बोरहैव (1668–1738) हॉलैंड के लीडेन विश्वविद्यालय में रसायन शास्त्र के शिक्षक के रूप में बहुत ही लोकप्रिय थे। उनके विद्यार्थी उनके व्याख्यान की बहुत प्रशंसा करते थे— इतनी कि उन्होंने हरमैन को बताए बगैर सन् 1724 में उनके व्याख्यानों को 'इंस्टीट्यूशंस एट एक्सपेरिमेंटा केमी' नामक पुस्तक की शक्ल में प्रकाशित कर दिया था। वह पुस्तक देखकर बोरहैव बहुत ही डर गए, क्योंकि उन्हें लगा कि पुस्तक में बहुत सी

अशुद्धियाँ छूट गई थीं। यहाँ तक कि उन्होंने सार्वजनिक रूप से पुस्तक को अपना मानने से इनकार कर दिया, परंतु आश्चर्यजनक रूप से वह बहुत ही लोकप्रिय हुई। आखिरकार उसी पुस्तक का अधिकृत संस्करण लिखने के अलावा कोई उपाय उनके पास नहीं बचा। सन् 1732 में 'एलीमेंटा केमी' के दो खंड उन्होंने लिखे। यह पुस्तक अठारहवीं सदी में सबसे ज्यादा प्रभावित करनेवाली रसायन शास्त्र की टेक्स्टबुक बनी। इसके तीस संस्करण प्रकाशित हुए थे। इस पुस्तक ने रासायनिक क्रांति की बुनियाद रखी।

❖

बोल्याइ, जानोस

वायलिनवादक और द्वंद्व युद्ध करनेवाला

हंगरी के प्रख्यात गणितज्ञ जानोस बोल्याइ (1802–1860) एक कुशल वायलिनवादक थे। वे द्वंद्व युद्ध में भी माहिर थे। एक बार उन्होंने एक-एक करके तेरह तलवारबाजों को पराजित कर दिया था। युद्ध के बीच में वे वायलिन भी बजाते रहते थे।

❖

बोस, जगदीश चंद्र

भेदभाव के खिलाफ संघर्ष

भारत के स्वतंत्रता पूर्व के दिनों में भारतीयों को विज्ञान के अध्यापन के लिए उपयुक्त नहीं समझा जाता था। मगर सन् 1885 में प्रख्यात जैव भौतिकीविद् जगदीशचंद्र बोस (1858–1937) लंदन और कैंब्रिज से डिग्री लेकर कलकत्ता लौटे तो बहुत विचार-विमर्श के बाद उन्हें शाही राज के मातहत प्रेसीडेंसी कॉलेज, (कलकत्ता) में प्रोफेसर के पद पर नियुक्त किया गया। हालाँकि यह देखकर वे चकित रह गए कि उसी पद पर काम करनेवाले यूरोपीय लोगों को उनके मुकाबले तिगुना वेतन मिलता था। बोस ने तीखा विरोध किया; मगर कोई फायदा नहीं हुआ।

बाद में विरोधस्वरूप बोस ने तय किया कि वे तब तक वेतन नहीं स्वीकार करेंगे जब तक भारतीयों और यूरोपीय लोगों के बीच वेतन का भेदभाव खत्म नहीं कर दिया जाता, यद्यपि उन्होंने शिक्षक के रूप में अपना काम निष्ठा से किया। प्रशासकों को यह समझने में तीन वर्ष लगे कि बोस एक श्रेष्ठ शिक्षक थे और वे पूरा वेतन पाने के हकदार थे। कालांतर में बोस अंग्रेजों के खिलाफ एक वैज्ञानिक के रूप में और एक मनुष्य के रूप में अपने अधिकारों के लिए जीवनपर्यंत लड़ते रहे।

❖

बोस, सत्येंद्रनाथ

गपबाजी के शौकीन भौतिकीशास्त्री

प्रख्यात भारतीय भौतिकीविद् सत्येंद्रनाथ बोस (1894–1974) को घंटों तक गप लड़ाने में खूब मजा आता था। अकसर उनके बारे में कहा जाता था कि वो 'अड्डेबाज' थे। बँगला भाषा में 'अड्डा' का अर्थ 'निरर्थक गप' होता है। गपबाजी की आदत के कारण भारतीय रसायनज्ञ पी.सी. रे का मानना था कि श्री बोस बंगालियों द्वारा मस्तिष्क का दुरुपयोग किए जाने का बेहतरीन उदाहरण हैं।

जब चीजें एक-दूसरे से जुड़ी होती हैं

एक बार 1950 के दशक के मध्य में ब्रिटेन के भौतिकीशास्त्री पी.ए.एम. डिराक अपनी पत्नी के साथ कलकत्ता के दमदम हवाई अड्डे पर उतरे, तो सत्येंद्र नाथ बोस उन्हें लेने के लिए पहुँचे थे।

विश्वविद्यालय लौटते समय बोस ने कार की पिछली सीट पर बैठने के लिए अतिथि को कहा और स्वयं एवं उनके विद्यार्थी अगली सीट पर जम गए। डिराक चकित हो गए और उनसे पूछा, 'क्या आप लोग आराम से हैं? या आप लोग…'

बोस मुसकराए, पीछे मुड़े और बोले, 'हम सब बोस विज्ञान में विश्वास करते हैं।'

अपनी पत्नी के विस्मित चेहरे को देखते हुए श्री डिराक ने फरमाया कि बोस विज्ञान में चीजें एक-दूसरे से जुड़ जाती हैं।

अमर पत्र

बोस ने बोसोन के बारे में अपने मौलिक विचारवाले महत्त्वपूर्ण पत्र सबसे पहले एक भारतीय शोध पत्रिका 'फिलॉसॉफिकल मैगजीन' को भेजा था। इसे ठुकरा दिया गया था, मगर इस घटना से बोस हताश नहीं हुए। अपने एक मित्र की सलाह पर उन्होंने इसे सीधे इस विषय के विशेषज्ञ अल्बर्ट आइंस्टीन को भेजा।

आइंस्टीन ने इसे एक 'अगला महत्त्वपूर्ण कदम' माना। उन्होंने स्वयं इसका अनुवाद जर्मन में किया और सन् 1924 में जर्मन पत्रिका 'जीटस्क्रिफ्ट फर फिजिक' में जमा कर दिया। इस शोधपत्र ने विज्ञान के इतिहास में बोस को अमर बना दिया।

आइंस्टीन की अनुशंसा पर

हालाँकि आधुनिक भौतिकी में सत्येंद्रनाथ बोस का अविस्मरणीय योगदान था, मगर उनके पास पी-एच.डी. की उपाधि नहीं थी। परिणामस्वरूप ढाका विश्वविद्यालय के प्रशासकों के समक्ष उन्हें अपनी क्षमताओं को बता पाने में बहुत मुश्किलों का सामना करना पड़ा। इसके लिए उन्हें अल्बर्ट आइंस्टीन से दो-दो बार सिफारिशी पत्र लेना पड़ा। पहली बार, यूरोप में अध्ययन के लिए दो वर्ष के अवकाश के लिए और दूसरी बार ढाका विश्वविद्यालय में प्राध्यापकी के लिए।

शोध के लिए उपयुक्त नहीं

एक बार डॉ. गणेश प्रसाद, जिन्होंने प्रेसीडेंसी कॉलेज (कलकत्ता) में पढ़ाना शुरू ही किया था, अन्य अध्यापकों की आलोचना कर रहे थे। एस.एन. बोस यह सब सुन रहे थे। उन्होंने श्री प्रसाद को निरुत्साहित किया और फटकार लगाई। तब श्री प्रसाद ने बोस से कहा, 'तुम परीक्षा में अच्छा कर सकते हो, मगर तुम शोधकार्य के लिए नहीं बने हो।'

भावुकता

सन् 1925 में अपनी जर्मनी यात्रा के दौरान बोस ने अल्बर्ट आइंस्टीन के साथ भारत की आजादी के साथ-साथ अन्य विषयों पर चर्चा की थी।

उसी यात्रा के दौरान आइंस्टीन ने उनसे कहा, 'मैं सोचता हूँ, अंग्रेज अन्य पश्चिमी उपनिवेशवादी देशों की तुलना में अच्छे हैं और महसूस करता हूँ कि वे लोग फ्रांसीसियों और पुर्तगालियों से बेहतर हैं। अब मुझे बताओ कि क्या तुम

सचमुच चाहते हो कि अंग्रेजों को तुम्हारे देश को छोड़ देना चाहिए ?'

बोस ने पलटकर उत्तर दिया, 'यकीनन। हम लोग अपने भाग्य का निर्धारण स्वयं करना पसंद करेंगे।'

आइंस्टीन इस उत्तर से संतुष्ट नहीं हुए। उन्होंने एक काल्पनिक सवाल पूछा, 'मान लो कि तुम्हारे पास एक बटन है और यदि तुम उस बटन को दबाओगे तो अंग्रेज भारत छोड़ देंगे, तो क्या तुम बटन को दबा दोगे ?'

बोस मुसकराए और बोले, 'यदि ईश्वर मुझे यह अवसर प्रदान करेगा तो मैं बिना एक क्षण हिचके बटन दबा दूँगा।'

आइंस्टीन ने चकित होकर पूछा, 'क्या सचमुच ?' और चुप हो गए।

तब बोस ने कहा, 'अच्छा, अब आप बताइए! आप यहूदी लोग एक नए इजराइली राज्य की स्थापना क्यों करना चाहते हैं ? यहाँ तक कि आपका भी रुझान इसके निर्माण में स्पष्ट है।'

आइंस्टीन मुसकराए और बोले, 'बेशक! अब मैं समझ सकता हूँ कि तुम क्या कह रहे हो। यह जज्बात का मामला है। इसे विवेक के जरिए नहीं समझाया जा सकता है।'

❖

ब्राहे, टाइको

झगड़ालू, बिना नाकवाला खगोल विज्ञानी

डेनमार्क का खगोल विज्ञानी टाइको ब्राहे (1546–1601) ह्वेन द्वीप स्थित अपनी खगोलीय वेधशाला और सटीक खगोलीय गणना के लिए मशहूर थे। उनका मिजाज झगड़ालू था। युवावस्था के दिनों में वे अपने एक मित्र से झगड़ा कर बैठे और तलवारबाजी में अपनी नाक गँवा दी। तब से वे चमड़े के रंगवाली ताँबे की बनी कृत्रिम नाक लगाया करते थे। टाइको ब्राहे के पास बड़ी संपत्ति थी। खगोलीय दर्शन के वक्त वे महँगे कपड़े पहना करते थे।

❖

ब्रूनो, गियोरदानो

विज्ञान का पहला शहीद

इटली के दार्शनिक गियोरदानो ब्रूनो (1548–1600) विज्ञान और धर्म में काल के अपारंपरिक विचारों पर उत्तेजक भाषण देते थे। भाषण–कौशल की वजह से वे काफी भीड़ जुटा लेते थे। इटली, इंग्लैंड और फ्रांस में कई खुले मंचों से उन्होंने निकोलस कोपरनिकस के विचार का समर्थन किया कि सूर्य ब्रह्मांड के केंद्र में है। चर्च को यह बात पसंद नहीं आई और उनके विचार को धर्म–विरोधी करार दिया गया। उन्हें चेतावनी दी गई, फिर भी वे अपनी बात पर अडिग रहे तो उन्हें गिरफ्तार कर लिया गया। एक नकली अदालत में ब्रूनो को अपराधी करार दिया गया और जेल में बंद कर दिया गया। सात वर्ष बाद रोम में स्टेक्स के चौराहे पर उन्हें जला दिया गया। यह कहा जाता है कि मृत्यु के निकट होने के बावजूद उन्होंने क्रिश्चियन क्रॉस को नहीं चूमा था, जो उन्हें चूमने को दिया गया था।

इतिहास में ब्रूनो को विज्ञान का पहला शहीद होने का गौरव हासिल है।

❖

भटनागर, शांति स्वरूप

कवि और वैज्ञानिक

भारत की आजादी के बाद देश में प्रयोगशालाओं का जाल बिछानेवाले सुप्रसिद्धभारतीय रसायनविद् शांति स्वरूप भटनागर (1894–1955) एक प्रख्यात कवि भी थे। बनारस हिंदू विश्वविद्यालय में प्रवास के दौरान उन्होंने 'कुलगीत' (विश्वविद्यालय गीत) को संगीतबद्ध किया था। महाविद्यालय के दिनों में उन्होंने 'करामाती' नामक उर्दू नाटक लिखा था, जिसे 1912 ई. में एक प्रतियोगिता में प्रथम पुरस्कार मिला था।

स्टीमशिप भटनागर

शांति स्वरूप भटनागर एक कर्मठ और ऊर्जावान् व्यक्ति थे। प्रख्यात भारतीय भौतिकीवेत्ता मेघनाद साहा अकसर उन्हें 'स्टीमशिप भटनागर' कहकर पुकारते थे।

भाभा, होमी जहाँगीर

सौंदर्य-प्रेमी वैज्ञानिक

भारत में नाभिकीय विज्ञान के संस्थापक और टाटा इंस्टीट्यूट ऑफ फंडामेंटल रिसर्च और भाभा परमाणु अनुसंधान केंद्र के निर्माता होमी जहाँगीर भाभा (1909-1966) सितारवादक के साथ-साथ एक अच्छे चित्रकार भी थे। भारतीय और पाश्चात्य संगीत में उनकी गहरी रुचि थी। वे किसी भी संगीत समारोह में जाने का कोई मौका नहीं चूकते थे, चाहे वह यूरोप में आयोजित हो या भारत में। यहाँ तक कि जब वे भारत में शोध संस्थानों के निर्माण में लगे थे, तब भी रात के भोजन के पूर्व संगीत सुनते थे और अपना शोध संबंधी काम देर रात में करते थे। उनके कुछ चित्र और रेखाकृतियाँ ब्रिटेन की कला-वीथिकाओं में रखी हुई हैं। कला में उनके चित्र प्रकृतिवाद श्रेणी के अंतर्गत आते हैं। उनके द्वारा निर्मित हर शोध संस्थान में एक सौंदर्य नजर आता है। उन्होंने भारत के कुछ प्रसिद्ध चित्रकारों की पेंटिंग्स खरीदी और शोध-संस्थानों के सभागारों एवं गलियारों में उन्हें प्रदर्शित किया।

प्रकृति-प्रेमी

होमी जहाँगीर भाभा को पेड़ों से भी बहुत प्रेम था। एक बार भाभा परमाणु अनुसंधान केंद्र (ट्रॉम्बे) जाने के दौरान रास्ते में मुंबई के पेडर रोड पर उन्होंने कुछ लोगों को एक वृक्ष काटते हुए देखा। उन्होंने अपनी कार रोकी और उनसे पूछताछ की कि क्या उन्हें वृक्ष काटने की अनुमति प्राप्त है ? उन लोगों ने बताया कि उन्होंने इस वृक्ष को सबसे ऊँची कीमत पर नगर निगम से खरीदा है। चूँकि इस सड़क को चौड़ा किया जाना है और यह बीच में पड़ता है, इसलिए इसे उखाड़ा जाना था, इसीलिए हम इसे काट रहे हैं।

भाभा ने उनसे हाथ जोड़कर विनती की कि वे पेड़ को काटना रोक दें। वे इसे बचाने का कोई रास्ता निकालेंगे। जब वे अपने केंद्र पहुँचे तो बार्क (BARC) के लैंडस्केप आर्किटेक्चर डिवीजन के प्रधान एस.डी. वैद्य से कहा कि इस मामले को देखें और वृक्ष का पुनर्रोपण करें तथा इसे बचाएँ। वैद्य तुरंत उस जगह पर गए। उन्होंने आकर बताया कि वृक्ष बुरी तरह से विक्षत हो गया है। इसे खरीदने और ट्रॉम्बे में लगाने का कोई औचित्य नहीं है। यह सुनकर भाभा नाराज हुए और तुरंत बोल पड़े, 'यदि तुम डॉक्टर होते तो क्या अपने उस रोगी की रक्षा नहीं करते,

जिसका चेहरा आग से बुरी तरह जलने के कारण विकृत हो गया है ?' उन्होंने यह भी कहा कि वैज्ञानिकों को पैसों के बारे में चिंता करते हुए अपनी विद्वत्ता और समय बरबाद नहीं करना चाहिए। उन्हें मनुष्यता के विशालतम हित में अपनी श्रेष्ठता के साथ आगे आना चाहिए। आर्थिक समस्याओं को प्रशासकों और आर्थिक प्रबंधकों के जिम्मे छोड़ देना चाहिए कि वे इसकी देख-रेख करें और समाधान निकालें।

भाभा परमाणु अनुसंधान केंद्र बनने के बहुत पहले से ही केंद्र को घेरनेवाली पहाड़ियों पर पौधारोपण की गारंटी भाभा ने दी थी। अन्य मौकों पर भी उन्होंने एक जगह से दूसरी जगह वृक्षों का पुनर्रोपण करवाया। उन्होंने मालावार हिल पर भवन-निर्माण के लिए वृक्षों की की जा रही अंधाधुंध कटाई के खिलाफ भारत के तत्कालीन प्रधानमंत्री जवाहरलाल नेहरू से भी शिकायत की थी और वृक्षों को कटाई से बचाया था।

एक बार परमाणु ऊर्जा विभाग से एक बहुत ही गुप्त संदेश भाभा के लिए ऊटी में उनके निजी सहायक तक पहुँचा। सहायक ने कागज की परची पर संदेश लिखा, उसे मोड़ा और बी.वी. श्रीकांतन नामक युवक को थमाया और कहा कि इसे भाभा को दे दें। श्रीकांतन उन दिनों कॉस्मिक किरणों पर शोध कर रहे थे।

प्रयोग-स्थल जाने के रास्ते में श्रीकांतन भाभा की कार में उनके साथ हो लिये। श्रीकांतन ने भाभा को परची दी। भाभा ने परची पढ़ी और वापस श्रीकांतन को यह कहते हुए लौटाई कि 'यह अत्यंत ही गोपनीय है। इस परची को तुरंत नष्ट करने का उपाय करो।' श्रीकांतन ने तुरंत परची को कई छोटे-छोटे टुकड़ों में फाड़कर कार की खिड़की से बाहर फेंक दिया। गुस्से में भाभा चिल्लाए, 'यह ठीक है कि तुमने परची नष्ट कर दी, परंतु ऊटी की गलियों में तुमने कूड़ा जमा कर दिया।'

❖

भास्कर

दुःख का साथी—गणित

महान् भारतीय गणितज्ञ भास्कर (1114 ई.) की छह वर्षीया पुत्री लीलावती के विवाह का दिन पास आ रहा था। वह विशेष तौर पर जलघड़ी को देखकर दीवानी हो रही थी, जो उसके पिता शादी के अवसर पर उसे देने के लिए लाए थे। एक ज्योतिषी ने उसके पिता से कहा था कि विवाह को निश्चित पावन मुहूर्त में

संपन्न किया जाए, अन्यथा कोई दुर्घटना हो सकती है।

दिन आए और गए। लीलावती घड़ी के चलने को बड़े उत्साह के साथ देखती, यद्यपि उसके पिता ने घड़ी को न छेड़ने की चेतावनी दी थी। एक दिन उसके कर्णफूल का एक मोती फिसलकर जलघड़ी में गिर गया। वह घबराकर भाग गई और किसी को कुछ नहीं बताया। मोती की वजह से घड़ी गलत समय बताने लगी। घड़ी के बताए समय के मुताबिक उसकी शादी हुई। विवाह के कुछ ही महीनों बाद उसके पति की मौत हो गई।

गलत समय से बेखबर भास्कर ने सोचा कि उन्होंने विवाह के पावन मुहूर्त के सही-सही आकलन करने में गलती की है। इस दु:खांतकारी घटना के लिए उन्होंने स्वयं को जिम्मेदार ठहराया। कुछ ही समय बाद उन्होंने लीलावती को गणित पढ़ाना शुरू किया, ताकि वह शोक से उबर सके।

लीलावती तुरंत ही गणित समझने लगी। इससे प्रभावित होकर भास्कर ने गणित की अपनी पुस्तक उनके नाम समर्पित कर दी। गणित की इस क्लासिक पुस्तक को 'लीलावती' के नाम से जाना जाता है। उन दिनों यह पुस्तक इतनी लोकप्रिय थी कि लोग कहा करते थे, 'जिसने लीलावती भलीभाँति पढ़ ली है, वह एक वृक्ष में पत्तों की ठीक-ठीक संख्या बता सकता है।'

❖

महालनोबिस, प्रशांत चंद्र

सबसे छोटी राह

भारतीय सांख्यिकीविद् प्रशांत चंद्र महालनोबिस (1893-1972) की टैक्सी चालकों के साथ अकसर झड़प होती थी, चाहे वे जहाँ गए, कलकत्ता हो या लंदन। वे अकसर टैक्सी चालकों को सबसे छोटी राह लेने का निर्देश देते थे। इससे बहस शुरू हो जाती और झगड़े की नौबत आ जाती थी। कई मौकों पर तो टैक्सी चालकों ने उन्हें नुक्कड़ की गलियों में ही छोड़ दिया था।

पालतू जीवों के प्रेमी

प्रशांत चंद्र महालनोबिस को पालतू जीवों से बड़ा प्यार था। अपनी चिट्ठियों में भी उनकी गतिविधियों का जिक्र वे करते थे। एक बार उनकी अनुपस्थिति में

उनके पालतू कुत्ते की मौत हो गई तो वह लगभग रो पड़े थे। उन्होंने कहा, 'जब वह मर रहा था तो उसे मेरा इंतजार करना चाहिए था।' उन्होंने एक बार अपनी बिल्ली के बारे में लिखा, 'कई सारी बच्चों की माता बिल्ली गंभीर मुद्रा में ऐसे चल रही है, मानो उसके ही जिम्मे दुनिया की सारी जिम्मेदारी आन पड़ी है।'

❖

माइकलसन, अल्बर्ट अब्राहम

नोबल पुरस्कार विजेता स्कैंडल की चपेट में

सन् 1887। हाँ, यही वह वर्ष है, जब अमेरिकी भौतिकीशास्त्री अल्बर्ट अब्राहम माइकलसन (1852-1931) ने अपनी कौशलपूर्ण और सटीक मापन के जरिए इथर प्रवाह की अनुपस्थिति को दरशाया था। यही वह खोज थी, जिसने अल्बर्ट आइंस्टीन के सापेक्षिकता के सिद्धांत के लिए मंच तैयार किया था।

एक बार वह एक घरेलू स्कैंडल में फँस गए। उनकी नौकरानी ने हमला करने का आरोप उनके ऊपर लगाया। उसने मुआवजे की माँग के लिए उन्हें ब्लैकमेल करने की कोशिश भी की; मगर माइकलसन नहीं हिले। उन्हें अदालत में घसीटा गया। इसी प्रक्रिया में उनकी पहली पत्नी ने उन्हें तलाक दे दिया। कुछ दिनों बाद सन् 1907 में अपनी खोज के लिए माइकलसन को नोबल पुरस्कार मिला।

❖

मिकलूचो-मैक्ले, निकोलाइ

आजादी और अधिकार के लिए संघर्ष

रूसी मानव-विज्ञानी निकोलाइ मिकलूचो-मैक्ले (1846-1888) ने पापुआ न्यू गिनी का महत्त्वपूर्ण अध्ययन किया था तथा अंग्रेजी और जर्मन उपनिवेशवादियों के खिलाफ वहाँ के आदिवासियों को संघर्ष करने के लिए एकताबद्ध किया था। उनका जीवन-स्तर सुधारने में मदद करने के अलावा उन्होंने समाचार-पत्रों में पत्र लिखे, मिशनरियों और स्थानीय प्रशासकों से मिले और उनके मामलों की वकालत की। उन्होंने रूसी सम्राट् से भी इस मामले में आगे आने का आग्रह किया।

ब्रिटिश साम्राज्य से पापुआवासियों को मुक्त कराने के लिए उन्होंने अखबार में विज्ञापन के जरिए स्वयंसेवकों को आमंत्रित भी किया था। मगर उनकी सारी कोशिशें व्यर्थ गईं। वे समय से सौ बरस आगे थे। सन् 1975 में ही पापुआ न्यू गिनी को आजादी मिल पाई।

❖

मिनकोव्स्की, रुडोल्फ हरमैन

मिनकोव्स्की-प्रूफ औजार

जर्मन मूल के अमेरिकी खगोलशास्त्री रुडोल्फ हरमैन मिनकोव्स्की (1895-1976) ने सुपरनोवा और रेडियो स्रोतों का अध्ययन किया था। उनकी काया भारी-भरकम और भालू जैसी लगती थी। खगोलविदों के बीच वे असाधारण थे। भालू जितनी ताकत के कारण वे ढेर सारे औजार, टेलीस्कोप, आई पीस और कलैंप-स्क्रू आदि लेकर चलते थे। वे माउंट विल्सन वेधशाला में काम करते थे। इस वेधशाला के डिजाइनर और औजार निर्माता हमेशा इस बात की गारंटी देते थे कि टेलीस्कोप आदि विशेष तौर पर मिनकोव्स्की-प्रूफ हों।

❖

मेंडल, ग्रेगॉर जोहान

एक साधु और माली

ऑस्ट्रिया के वैज्ञानिक ग्रेगॉर जोहान मेंडल धनाभाव के कारण अपनी शिक्षा पूरी नहीं कर पाए थे। जीवन-निर्वाह के लिए उन्हें साधु बनना पड़ा था। यद्यपि उनके अंदर वैज्ञानिक तहकीकात का भूत जोर मारता रहता था। सो उन्होंने मठ के बगीचे में मटर के पौधों पर विश्वप्रसिद्ध प्रयोग करने शुरू कर दिए। उनके पूरे जीवनकाल में किसी ने भी आनुवंशिकी के उनके नियमों की सराहना नहीं की और न ही यह कल्पना कर सके कि एक साधु वैज्ञानिक प्रयोग भी कर सकता है। दरअसल किसी ने भी यह नहीं सोचा कि उन्होंने बगीचे की व्यवस्थित जानकारी रखने के अलावा भी कुछ किया था। उनकी मौत के कई वर्षों के बाद उन्हीं के बनाए गए नियमों के आधार पर जेनेटिक्स की नींव पड़ी।

मेंडलीव, द्मीत्री इवानोविच

एक और एकमात्र मेंडलीव

तत्त्वों की आवर्त सारणी के निर्माता रूसी रसायनशास्त्री द्मीत्री इवानोविच मेंडलीव (1834-1907) ने अपनी पहली पत्नी फीयोजवा नीकितिच्ना को तलाक दे दिया था। कुछ दिनों बाद वे एक युवा कलाकार अन्ना इवानोवा पोपोव के प्यार में घायल हुए। उसने अपने परिवार के विरोध के बावजूद मेंडेलीएव से शादी करने की हामी भरी। हालाँकि गिरजाघर के कानून के अनुसार तलाक के बाद सात वर्षों तक मेंडलीव शादी नहीं कर सकते थे, मगर अपना विवाह कराने के लिए वे एक पादरी को तैयार करा पाने में सफल हो गए। तुरंत बाद पुनर्विवाह के लिए इच्छुक एक अन्य व्यक्ति को इजाजत देने से मना कर दिया गया। उसने तत्कालीन सम्राट् जार के सामने शिकायत दर्ज की कि मेंडलीव की दो पत्नियाँ हैं। जार ने उत्तर दिया, 'मेंडलीव की दो पत्नियाँ हैं ? अच्छा! तो ठीक है! लेकिन तब, जब मेरे पास सिर्फ एक मेंडलीव है।'

स्वप्न में आवर्त सारणी

17 फरवरी, 1869 को मेंडलीव को तत्त्वों की आवर्त अवधि का पता तब लगा, जब वे इन तत्त्वों पर एक किताब लिखने की रूपरेखा बना रहे थे। उन्होंने अपने प्रेक्षणों को एक लिफाफे की पीठ पर लिखा, दोपहर के भोजन के बाद एक छोटी सी झपकी ली। तत्त्वों की आवर्त सारणी का विचार पूरी तरह से उसी झपकी के दौरान सपने में आया। अब यह दावा किया जाता है कि सारणी का विचार नया नहीं था। मेंडलीव से पहले भी कई रसायनशास्त्रियों ने इस विचार को किसी-न-किसी रूप में प्रस्तुत किया था।

सबसे छोटे बच्चे की तरफ से माँ को

मेंडलीव अपनी माँ के प्रति बहुत ही समर्पित थे, जिसने उन्हें शिक्षित करने के लिए बहुत संघर्ष किया था। सन् 1887 में प्रकाशित अपनी पुस्तक 'सॉल्यूशंस' उन्होंने माँ को समर्पित की थी, जिसमें उन्होंने लिखा, 'यह परीक्षण माँ की याद में उसके सबसे छोटे बच्चे की तरफ से समर्पित है। उसने उदाहरणों के जरिए निर्देशित

किया, प्यार से ठीक किया, विज्ञान में उन्हें अभिमुख करने के लिए उनके साथ साइबेरिया छोड़ी। इसके लिए उसने सारी संपत्ति और शक्ति गँवा दी। मरते वक्त उसने कहा, 'भ्रम से बचो। शब्द की बजाय काम पर ध्यान दो। दैवी और वैज्ञानिक सत्य की तलाश धीरज से करो।' मरती हुई माँ के शब्दों को द्मीत्री मेंडलीव ने पवित्र माना।

वार्षिक बाल कटाई

मेंडलीव के बाल बहुत लंबे थे, क्योंकि वे वर्ष में मात्र एक बार बाल कटाते थे। उनकी यह आदत कभी नहीं छूटी। तब भी नहीं, जब उनके श्रोताओं में रूस के तत्कालीन सम्राट् जार मौजूद थे।

❖

मेघनाद साहा

ख्यातिप्राप्त मित्रगण

मेघनाद साहा (1894-1956) और सत्येंद्रनाथ बोस (1894-1974) दोनों ही अंतरराष्ट्रीय ख्यातिप्राप्त भारतीय भौतिकीशास्त्री कॉलेज के जमाने से ही मित्र थे। उन्होंने 1910 के दशक में कलकत्ता के प्रेसीडेंसी कॉलेज से साथ-साथ बी.एस-सी. और एम.एस-सी. की पढ़ाई की थी। डिग्री की वार्षिक परीक्षा में बोस प्रथम स्थान पर और साहा दूसरे स्थान पर आए। यूरोप में उन दिनों चल रहे आधुनिक भौतिकी के नवीनतम अध्ययनों से दोनों परिचित थे। यह जानकारी उन्होंने कलकत्ता के बंगाल इंजीनियरिंग कॉलेज के वनस्पति विभाग के ऑस्ट्रियाई शिक्षक डॉ. ब्रुल से भौतिकी की नवीनतम पुस्तक माँगकर पढ़ने के बाद हासिल की थी। पुस्तक जर्मन भाषा में थी। सबसे आश्चर्य की बात यह थी कि उन्होंने छात्रों को भौतिकी के क्षेत्र में आधुनिकतम प्रगति के बारे में पढ़ाना तथा भौतिकी की बातों को अंग्रेजी में अनुवाद करना शुरू कर दिया था। बाद में चलकर उन्होंने भी आधुनिक भौतिकी में महत्त्वपूर्ण योगदान किया।

अफसरशाही राज करती है

सन् 1923 में अपनी इच्छा के खिलाफ मेघनाद साहा ने कलकत्ता छोड़ा और इलाहाबाद विश्वविद्यालय में भौतिकी के प्राध्यापक के रूप में दाखिल हुए।

एक दिन वे विश्वविद्यालय के पुस्तकालय में गए तो पाया कि वहाँ सिर्फ पुरानी किताबें हैं और भौतिकी में तो कुछ भी नया नहीं है। अत: उन्होंने पुस्तकालय के लिए नई किताबें मँगाने हेतु एक नोट बनाया। उनका नोट विश्वविद्यालय के खजांची, हाई कोर्ट के भूतपूर्व जज थे, के पास पहुँचा।

एक दिन शाम को खजांची महोदय पुस्तकालय की जाँच करने खुद ही पहुँच गए। उन्होंने साहा को पढ़ते हुए पाया। किताबों की तरफ इशारा करते हुए खजांची महोदय ने साहा से पूछा, 'पुस्तकालय में उपलब्ध तमाम पुस्तकें क्या आपने पढ़ ली हैं ?' साहा ने उत्तर दिया, 'नहीं! कोई भी नहीं पढ़ सकता है।' विजित मुद्रा में खजांची महोदय पूछ पड़े, 'इस स्थिति में नई खरीद के लिए अनुदान की माँग आप क्यों कर रहे हैं ? बेहतर है कि पहले आप पुस्तकालय में मौजूद तमाम पुस्तकों को पढ़ जाएँ, तभी नई किताबों की खरीद के लिए धन की माँग करें।'

एक बार की बात है। साहा इलाहाबाद विश्वविद्यालय में प्रयोगशाला के निर्माण में लगे थे। उन्होंने दस 'पोस्ट ऑफिस बॉक्स' मँगवाए। उन दिनों विद्युत् के कुछ प्रयोगों के लिए पोस्ट ऑफिस बॉक्स नामक उपकरण की जरूरत पड़ती थी। एक अफसर ने बिना यह जाने कि पोस्ट ऑफिस बॉक्स क्या है, साहा को एक नोट भेजा कि आप यह बताएँ कि डाक प्राप्त करने के लिए आपकी प्रयोगशाला को इतने सारे बॉक्स की क्या जरूरत है ?

शादी खुशियाँ लानेवाली साबित हुई

मेघनाद साहा ने सन् 1918 में राधारानी राय से शादी की। तब वे इक्कीस वर्ष के थे और अभी छात्र जीवन में ही थे। राधारानी के पिता एक बड़े व्यापारी थे। वे अपनी बेटी का हाथ साहा के हाथ में इसलिए देने को तैयार हो गए कि उन्हें प्रेमचंद रायचंद छात्रवृत्ति मिली थी; मगर राधारानी की दादी इससे प्रभावित नहीं थीं। उन्होंने अपने बेटे से कहा, 'इससे बेहतर था कि तुम अपनी बेटी को पद्मा नदी में डुबो देते।'

यूरोप से लौटने के बाद साहा इलाहाबाद जाकर बस गए और वहाँ इलाहाबाद विश्वविद्यालय में लग गए। कुछ दिनों बाद साहा ने अपनी पत्नी की दादी को मथुरा, वृंदावन, प्रयाग आदि हिंदू तीर्थ-स्थलों का भ्रमण कराया। उसके बाद शरारत के अंदाज में साहा ने उनसे पूछा, 'आजकल आपकी पोती क्या कर रही है ? क्या वह पद्मा नदी में डुबो दिए जाने की तुलना में बेहतर स्थिति में है ?' वृद्धा ने कहा,

'राधा तुम्हारे लिए भाग्य लाई।'

सबकुछ वेद में है

एक बार साहा ढाका (बँगलादेश) में एक वकील से मिले। उस समय तक साहा खगोल भौतिकी में अपने योगदान के लिए विश्वप्रसिद्ध हो चुके थे। वकील उनसे जानना चाहता था कि विज्ञान में ठीक-ठीक उनका क्या योगदान है ? यह उनका प्रिय विषय था, इसलिए उन्होंने तारों की संरचना के बारे में विस्तार से बताया, मगर वकील उनसे प्रभावित नहीं हुआ। हर दूसरे मिनट में वह साहा को टोकता, 'लेकिन प्रो. साहा, इसमें कुछ नया नहीं है। यह सबकुछ तो हमारे वेद में है।' थोड़ी देर बाद साहा बरदाश्त की सीमा पार कर गए, तुरंत बोले, 'क्या आप यह बताने की कृपा करेंगे कि ठीक-ठीक किस जगह पर वेद में तारों के वाष्प के आयनीकरण सिद्धांत को पा सकते हैं ?' मगर फिर भी वकील टस-से-मस नहीं हुआ। उसने कहा, 'ठीक है ! मैंने वेद नहीं पढ़ा है, पर मेरा पक्का विश्वास है कि आप वैज्ञानिक लोग जो नई वैज्ञानिक खोजों का दावा करते रहते हैं, वह सबकुछ पहले से ही वेदों में है।'

❖

मेयर, जुलियस रॉबर्ट वॉन

पहचान की चाहत में

जर्मन भौतिकीविद् जुलियस रॉबर्ट वॉन मेयर का नाम अनजाना सा लगता है। मगर मेयर ही वह भौतिकीशास्त्री थे, जिन्होंने ऊर्जा के संरक्षण का विचार पहले-पहल प्रस्तुत किया था और यह बताया था कि पृथ्वी पर सौर ऊर्जा ही अंतिम ऊर्जा है, मगर उनके जीवनकाल में उन्हें इसका श्रेय कभी नहीं मिला। सन् 1848 में हताशा में उन्होंने तीनमंजिली इमारत की खिड़की से छलाँग लगाकर आत्महत्या करने की कोशिश की थी। इस प्रक्रिया में उनके दोनों पाँव टूटकर नाकाम हो गए। कुछ दिनों बाद उन्हें मनोचिकित्सा आरोग्य में भेज दिया गया। वे पूरी तरह से कभी ठीक नहीं हो पाए।

❖

मेसियर, चार्ल्स

अमर धूमकेतु खोजी

फ्रांसीसी खगोलशास्त्री चार्ल्स मेसियर (1730–1817) बड़े जबरदस्त धूमकेतु खोजी थे। उन्हें ऐसा करने पर गर्व भी होता था। अपने जीवनकाल में उन्होंने बारह नए धूमकेतु खोजे। तब के बादशाह लुईस पंचदश उन्हें प्यार से 'मेरा छोटा धूमकेतु फेरेट' कहकर पुकारते थे। यद्यपि आज वे धूमकेतु की बजाय नीहारिका की चीजों (नेबुलस ऑब्जेक्ट) की खोज के लिए प्रसिद्ध हैं, जिसकी खोज उन्होंने धूमकेतु की तलाश के दौरान की थी। आकाशगंगाएँ, नीहारिकाएँ या सितारों के झुंड—ये चीजें आज खगोलशास्त्रियों के बीच 'मेसियर ऑब्जेक्ट' के नाम से मशहूर हैं।

आह! तेरहवाँ छीन लिया गया

चार्ल्स मेसियर ने कभी यह नहीं सोचा था कि वे उन चीजों के लिए याद किए जाएँगे, जिसकी तलाश उन्होंने धूमकेतु खोजने के दौरान की थी। अपने पूरे जीवनकाल में उन्होंने बारह धूमकेतु खोज निकाले थे। वे तेरहवाँ धूमकेतु खोज नहीं सके; क्योंकि जब यह देखा गया तब मेसियर अपनी पत्नी की तीमारदारी में लगे हुए थे। उनकी पत्नी मृत्युशय्या पर पड़ी थीं। एक अन्य फ्रांसीसी शौकिया खगोलशास्त्री जैक्स मौंटेन ने तेरहवाँ धूमकेतु खोजा था। मेसियर की पत्नी की मौत के बाद एक व्यक्ति ने इस अपूरणीय क्षति के लिए उन्हें शोक में सांत्वना दी। उन्होंने आँसू भरी आँखों से प्रत्युत्तर दिया, 'मैंने बारह खोजे थे, मगर तेरहवाँ मौंटेन के द्वारा छीन लिया गया।' जब उन्हें अपनी गलती का एहसास हुआ तो तुरंत उन्होंने कहा, 'बेचारी औरत।'

❖

मैक्सिम, हिराम पर्सी

कत्ल करनेवाली बंदूक के पीछे का उद्देश्य

अमेरिकी मूल के ब्रिटिश हिराम पर्सी मैक्सिम (1840–1916) ने सन् 1887 में मशीनगन का आविष्कार किया था। इसे बनाने की प्रेरणा उन्हें एक

अमेरिकी की टिप्पणी से मिली थी, जब वह वियना (ऑस्ट्रिया की राजधानी) की यात्रा पर थे। उस अमेरिकी ने टिप्पणी की थी कि 'अपने रसायन और बिजली को खूँटी पर टाँग दो। यदि धन कमाना चाहते हो तो ऐसी चीज का आविष्कार करो, जिसकी मदद से यूरोप के लोगों को एक-दूसरे की गरदन काटने में ज्यादा सहूलियत हो।' हालाँकि मशीनगन से दुनिया भर में लाखों लोगों का कत्ल हुआ, परंतु मैक्सिम को खुद किसी लड़ाई का सामना नहीं करना पड़ा।

❖

मोइव्रे, अब्राहम दे

गणित मौत

फ्रांसीसी गणितज्ञ अब्राहम दे मोहव्रे (1667-1754) कंप्लेक्स संख्याओं के फॉर्मूले के लिए प्रसिद्ध हैं। उन्होंने अपनी मृत्युतिथि की गणना कर ली थी। जब उनका स्वास्थ्य गिरने लगा तो उन्होंने घोषणा की कि वे प्रतिदिन पिछले दिन की अपेक्षा पंद्रह मिनट ज्यादा सोएँगे। जिस दिन वे तेईस घंटे और पैंतालीस मिनट सोए रहे, उसके अगले दिन उनकी मौत हो गई।

❖

मोर्स, सैमुएल

कला में उपेक्षा मिली

टेलीग्राफ और इसके संकेतों का आविष्कार करनेवाले सैमुएल मोर्स (1791-1872) की असली इच्छा विश्व स्तर के पोर्ट्रेट पेंटर बनने की थी। दरअसल उन्होंने पेंटर बनने की कोशिश अपनी युवावस्था से ही शुरू कर दी थी। उसका ध्यान बेतार दूरसंचार की तरफ इसलिए गया, क्योंकि वह अपने आविष्कार के जरिए रातोरात अमीर बनना चाहते थे। तब बाकी सारा जीवन कला के लिए अर्पित करने का इरादा था।

सन् 1836 की बात है। मोर्स अभी बेतार टेलीग्राफ के आविष्कार में उलझे थे और उनके पेंटिंग के कौशल को मान्यता नहीं मिली थी। इस स्थिति ने उन्हें

टेलीग्राफी की ओर मोड़ दिया। कुछ वर्षों बाद उन्होंने पेंटिंग के बारे में लिखा, 'मैंने उसे नहीं छोड़ा, उसने मुझे छोड़ दिया।'

❖

यूलर, लीऑनहार्ड

जबरदस्त स्मरणशक्ति

स्विट्जरलैंड के गणितज्ञ लीऑनहार्ड यूलर (1707–1783) की स्मरणशक्ति बहुत ही तीव्र थी। सात वर्ष की आयु में वे वर्जिल की 'एनीड' का न सिर्फ पाठ करते थे, बल्कि हर पन्ने की पहली और आखिरी पंक्ति भी उन्हें कंठाग्र थी।

❖

रदरफोर्ड, अर्नेस्ट

नाभिकीय चंद्र-चमक

सन् 1938 में प्रख्यात नाभिकीय भौतिकीशास्त्री अर्नेस्ट रदरफोर्ड (1871–1937) ने एक सार्वजनिक व्याख्यान के दौरान दावा किया कि उपयोगी ऊर्जा की आशा नाभिकीय प्रतिक्रियाओं पर नजर रखनेवाला प्रत्येक व्यक्ति 'मूनशाइन' की उम्मीद करता है।

प्रयोगों की भूल की सीमा के अंदर

अपने मूलभूत अध्ययन के बाद रूसी भौतिकीशास्त्री पीटर कैपिट्ज (1894–1984) परमाणु भौतिकी का अध्ययन करने के इच्छुक थे। बीसवीं सदी में परमाणु भौतिकी में शोधकार्य करने के लिए सबसे अच्छी जगह कैंब्रिज स्थित कैवेंडिश प्रयोगशाला थी। उन दिनों उस प्रयोगशाला के प्रमुख अर्नेस्ट रदरफोर्ड थे।

नवयुवक कैपिट्जा ने रदरफोर्ड के पास एक पत्र लिखा कि वह उनके मार्गदर्शन में काम करना चाहता है। रदरफोर्ड ने उत्तर भेजा कि कैवेंडिश में उसके लिए कोई जगह नहीं है। बिना हताश हुए कैपिट्जा ने पुनः पत्र लिखा कि आपकी

(रदरफोर्ड) प्रयोगशाला में आपके द्वारा किए गए प्रयोगों में प्रयोगगत दोषों का प्रतिशत औसतन कितना रहता है ? रदरफोर्ड ने उत्तर दिया, 'लगभग दस प्रतिशत।' पुनः कैपिट्ज़ा ने रदरफोर्ड को पत्र लिखा कि उसे अतिरिक्त छात्र के रूप में उनके समूह में प्रवेश मिलना चाहिए, क्योंकि उसका समूह के साथ जुड़ाव प्रयोगगत दोष की सीमा के अंदर होगा। रदरफोर्ड प्रभावित हुए। वे कैपिट्ज़ा को अपनी प्रयोगशाला में शोध-छात्र के रूप में स्वीकार करने के लिए तैयार हो गए।

❖

रमन, चंद्रशेखर वेंकट

सोलह वर्ष की उम्र में शोधपत्र

प्रख्यात भारतीय भौतिकीशास्त्री और नोबल पुरस्कार विजेता चंद्रशेखर वेंकट रमन (1888-1970) जब मुश्किल से सोलह वर्ष की उम्र के थे, तभी प्रकाशन के अध्ययन पर आधारित उनका शोधपत्र लंदन की पत्रिका 'फिलॉसॉफिकल मैगजीन' में प्रकाशित हुआ था।

नोबल पुरस्कार—दुबारा?

एक बार की बात है। सन् 1969 में एक पत्रिका के संपादक वी.टी. श्रीनिवासन रमन शोध संस्थान, बंगलोर में सी.वी. रमन से मिलने गए। उन्हें अपनी पत्रिका की एक प्रति सौंपी, जिसमें 'आवाज, भाषण और भाषा' पर उनका व्याख्यान छपा था। इसके बदले में रमन ने अपनी नई पुस्तक 'द फिजियोलॉजी ऑफ विजन' उन्हें भेंट की। श्रीनिवासन बहुत प्रसन्न हुए। उनकी आँखें आँसुओं से भर गईं। रमन बोले, 'इस पुस्तक में मैंने रंगों की समझ की त्रिवर्णीय (ट्राइक्रोमैटिक) परिकल्पना और दृष्टि के दोहरेपन के सिद्धांतों की बखिया उधेड़ी है। मैंने यह भी दिखाया है कि प्रकाश के बोध का फोटोकेमिकल विश्लेषण भी असमर्थनीय है।'

श्रीनिवासन ने कहा, 'यदि ऐसा है तो क्या आपको दूसरा नोबल पुरस्कार नहीं मिलना चाहिए ?'

रमन गंभीर हो गए। फिर बोले, 'ठीक है! इस पुस्तक में बताई गई खोजें युगांतरकारी हैं; मगर बात दरअसल यह है कि इसे समझ में आने में नोबल पुरस्कार समिति को और बीस वर्ष लगेंगे और तब तक मैं जिंदा नहीं रहूँगा।'

ठगी के लिए नोबल पुरस्कार

एक बार सी.वी. रमन ने स्थानीय निजी बैंकर के पास पचहत्तर हजार रुपए जमा किए। बैंकर का नाम 'फाइनेंशियल विजार्ड' था। जब बैंकर कंगाल हो गया तो रमन को भी अपने पचहत्तर हजार रुपए भूलने पड़े। जब वे दिवालिया बैंकर से मिले तो मजाक में बोले, 'मुझ जैसे नोबल पुरस्कार विजेता को ठगने के लिए तुम्हें नोबल पुरस्कार मिलना चाहिए।'

मद्रासी पगड़ी

आजादी के पहले यदि कोई भारतीय विदेश जाता तो उसकी बहुत पूछ होती थी। लोग उससे कुछ मजेदार बातें सुनना चाहते थे। जब सी.वी. रमन यूरोप से लौटे तो उनके कई दोस्तों, पड़ोसियों और रिश्तेदारों ने उनसे विदेश के अपने संस्मरण सुनाने को कहा।

एक दिन जब वे विदेश के अपने अनुभव को याद कर रहे थे तो एक छोटे बच्चे ने उनसे पूछा, 'क्या आपको लंदन में मद्रासी पगड़ी लगाकर घूमने में परेशानी या शर्मिंदगी महसूस हुई थी?'

रमन ने मुसकराते हुए जवाब दिया, 'नहीं। चलो, तुम्हें लंदन की एक घटना सुनाता हूँ।' एक दिन लॉर्ड रदरफोर्ड का व्याख्यान सुनने के लिए वे शाम को लंदन के शाही संस्थान में गए। व्याख्यान शुरू हो चुका था, इसलिए वे चुपचाप पीछेवाली कतार में जाकर बैठ गए।

अचानक लॉर्ड रदरफोर्ड ने उन्हें पहचान लिया और अपने व्याख्यान के दौरान ही कहा, 'प्रो. रमन, आप पीछे की कतार में अकेले क्यों बैठे हैं? आप अगली कतार में बैठिए!'

व्याख्यान की समाप्ति के बाद रमन लॉर्ड रदरफोर्ड के पास गए और उनसे पूछा, 'आपने मुझे किस प्रकार पहचाना? प्रो. रदरफोर्ड, यह मेरी पहली लंदन यात्रा है और हम लोग पहले कभी नहीं मिले।' रदरफोर्ड मुसकराए और बोले, 'मेरे प्रिय प्रो. रमन! मैंने आपके पेपर्स पढ़े हैं। जब मैंने श्रोताओं में एक व्यक्ति को मद्रासी पगड़ी पहने हुए देखा तो मुझे लगा कि यह आप ही होंगे।'

रमन मुसकराए और छोटे बच्चे को बताया, 'तो अब तुम जान गए कि मद्रासी पगड़ी पहनने में कोई परेशानी नहीं है।'

नोबल पुरस्कार पाना खेल नहीं है

सन् 1961 की बात है। भारत-यात्रा के दौरान एक दिन सुब्रह्मण्यम चंद्रशेखर अपने चाचा सी.वी. रमन से मिलने रमन शोध संस्थान (बंगलोर) गए। जब वे कमरे में घुसे, तब रमन चंद्रशेखर की नई पुस्तक 'हाइड्रोडायनॉमिक एंड हाइड्रोमैग्नेटिक स्टेबिलिटी' लिफाफे से निकाल रहे थे, जो उसी समय हवाई डाक से उनके पास आई थी। किताब को पकड़े हुए रमन ने उनसे कहा, 'इस आकार की पुस्तक! इसके पहले मैंने सिर्फ एंथनी ट्रॉलॉप का उपन्यास इस आकार में देखा है। जो बिलकुल रद्दी था।' उन्होंने बोलना जारी रखा, 'इस आकार की पुस्तक तुम किस प्रकार लिख पाते हो? मुझे तो पुस्तक लिखने का समय ही नहीं मिल पाता है। मुझे हमेशा शोध करना ज्यादा अच्छा लगता है। सन् 1926 में मैं प्रकाश के बिखरने पर एक पुस्तक लिखने का इच्छुक था। मैंने इसे नहीं लिखा, क्योंकि एक अन्य व्यक्ति इसी विषय पर लिख रहा था। इसका नतीजा यह निकला कि उसने पुस्तक लिखी और मैंने रमन प्रभाव खोजा तथा नोबल पुरस्कार पाया।'

चंद्रशेखर ने व्यंग्यात्मक लहजे में कहा, 'ऐ मेरे ईश्वर! इसका अर्थ हुआ कि मैंने चार नोबल पुरस्कार खोए।'

रमन ने जवाब दिया, 'नोबल पुरस्कार पाना इतना आसान नहीं है, मेरे प्रिय!'

हीरों के शौकीन

सी. वी. रमन के पास हीरों का विशाल संग्रह था। बंगलोर के रमन शोध संस्थान में उनके संग्रहालय में बीटल और तितलियों का भी विशाल संग्रह था। उनके पास भिन्न-भिन्न प्रकार के छह सौ हीरे थे, जिनमें से कुछ ही उपहारवाले थे।

उपराष्ट्रपति

एक बार भारत का उपराष्ट्रपति पद स्वीकार करने के लिए प्रस्ताव रमन के पास भेजा गया। ऐसा कहा जाता है कि पहले तो वे हँसे, फिर बोले, 'इस शिप (वाइस प्रेसिडेंटशिप) का मैं क्या करूँगा?'

एक विदेशी प्राध्यापक क्यों?

दूसरे विश्वयुद्ध के दौरान जर्मनी पर हिटलर का शासन था। जर्मन भौतिकीशास्त्री मैक्स बॉर्न (1882-1977) छह महीने के लिए भारत प्रवास पर आए थे। वे सी.वी. रमन के आमंत्रण पर भारतीय विज्ञान संस्थान (बंगलोर) गए और आधुनिक भौतिकी पर एक व्याख्यान दिया। चूँकि बॉर्न हिटलर से घृणा करते थे, इसलिए जर्मनी वापस नहीं लौटना चाहते थे। रमन ने उन्हें संस्थान में प्राध्यापक बनाने के बारे में सोचा, ताकि भारत में भौतिकी के शोध में प्रथम श्रेणी का काम हो सके, मगर उनके सहयोगियों ने इस प्रस्ताव का प्रखर विरोध किया। अंततः रमन को संस्थान के निदेशक पद से इस्तीफा देना पड़ा।

यस सर!

जब सी.वी. रमन कोई प्रयोग या शोध कर रहे होते तो खुद से बातें करने लगते थे। ऐसी स्थिति में उनके छात्रों या सहायकों को 'यस सर' कहना पड़ता था। कभी-कभी तो इसकी वजह से असहज स्थिति पैदा हो जाती थी।

एक बार रमन अपने छात्र ए. जयरमन के साथ एक प्रयोग पर बातचीत कर रहे थे। रमन बोले, 'मेरा मतलब है, मैं इस क्रिस्टल में बहुत ही महत्त्वपूर्ण प्रभाव देख रहा हूँ। यह बिलकुल ही मजेदार और सुंदर है।'

'यस सर!' जयरमन ने हामी भरी।

क्रिस्टल को देखने के कुछ मिनट बाद रमन ने कहा, 'मैं सोचता हूँ कि मैं अभी भी देख रहा हूँ। यह वहाँ हो सकता है।'

'यस सर!' जयरमन ने फिर गरदन हिलाई।

कुछ देर बाद रमन बोले, 'मुझे नहीं लगता है कि यहाँ कोई प्रभाव भी है। यह सब मेरी कल्पना है। मुझे लगता है, मैं मूर्ख...'

'यस सर...ओह! नो, नो सर!'

ईमानदारी—श्रेष्ठ योग्यता

सी.वी. रमन द्वारा रमन शोध केंद्र बनाने के बाद सन् 1949 में वैज्ञानिक सहायक के पद के लिए कई आवेदकों के साक्षात्कार हुए। रमन ने पाया कि एक आवेदक साक्षात्कार कक्ष के बाहर अभी भी इंतजार कर रहा था, जबकि उसे साक्षात्कार में अयोग्य पाया गया था।

रमन उसके पास गए और सीधे बोले, 'तुम कहाँ क्या कर रहे हो ? मैंने तुमसे कहा—हम लोग तुम्हें नहीं ले सकते। तुम यहाँ क्यों पड़े हो ?'

'सर ! मुझे मालूम है। मगर मैं इसलिए वापस लौटा हूँ कि आपके कार्यालय ने गलती से मुझे यात्रा-भत्ता के रूप में ज्यादा धनराशि दे दी है।' आवेदक ने उत्तर दिया।

'अच्छा ! ऐसी बात है !' रमन अचंभित हुए। अपना हाथ आवेदक के कंधे पर रखकर रमन उसे अपने कार्यालय में ले गए। 'अंदर आओ ! तुम इस पद के लिए चुन लिये गए हो। इससे कोई फर्क नहीं पड़ता कि तुम भौतिकी में कमजोर हो। मैं इसे तुम्हें पढ़ा सकता हूँ। तुम सच्चरित्र हो, यही मेरे लिए महत्त्वपूर्ण है।'

❖

रश, बेंजामिन

लड़कियों के लिए रसायनशास्त्र

प्रथम अमेरिकी रसायनशास्त्री बेंजामिन रश (1745-1813) रसायनशास्त्र के सिद्धांतों और उनकी उपयोगिताओं पर अकसर लड़कियों के बीच व्याख्यान दिया करते थे। वे व्याख्यान की शुरुआत हमेशा अठारहवीं सदी के उत्तरार्द्ध में हुए अमेरिका के मानवतावादी आंदोलन से करते थे। उदाहरण के लिए—वे बताते कि आग को चिमनी में ही क्यों बुझाना चाहिए ? सूती कपड़ों पर से शराब या चेरी के धब्बे कैसे हटाने चाहिए। गृह-निर्माण के लिए क्या-क्या सामग्री चुननी चाहिए ? कपड़ों को किस प्रकार धोएँ, किस प्रकार ब्लच करें और किस प्रकार रँगें ? वे सुंदरता बनाए रखने के लिए कुछ रासायनिक नुस्खे भी लड़कियों को बताते थे।

❖

रामानुजन, श्रीनिवास

देवी को समर्पित

भारतीय गणितज्ञ श्रीनिवास रामानुजन (1887-1920) अपनी प्रतिभा का श्रेय अपनी ग्रामदेवी नमक्काल को देते थे। नमक्काल नरसिंह की रानी हैं।

उनका मंदिर रामानुजन के जन्मस्थान कुंबाकोनम से दो सौ किलोमीटर दूर है। ऐसी मान्यता है कि उनके जन्म के पूर्व उनकी नानी ने सपना देखा कि एक दिन नमक्काल उसकी बेटी के बेटे के जरिए बोलेंगी।

बचपन में नमक्काल की कहानियाँ सुनते-सुनते वे बड़े हुए। हमेशा नमक्काल का आशीर्वाद दे लेते। इस बात ने उनके मस्तिष्क पर ऐसा प्रभाव डाला कि वे यह दावा करते थे कि नमक्काल ने उनकी जबान पर समीकरण लिख दिया था और वह उन्हें सपने में गणितीय अंतर्दृष्टि देती थीं।

जिस पुस्तक ने प्रेरित किया

जॉर्ज एस. कार की पुस्तक 'ए सिनॉपसिस ऑफ एलिमेंटरी रिजल्ट्स इन प्योर एंड एप्लाइड मैथेमेटिक्स' पढ़ने के बाद रामानुजन की गणितीय प्रतिभा में बहुत तेज निखार आया; मगर न ही कार की पुस्तक में कुछ ऐसा था और न ही खुद कार में। कार एक साधारण गणितज्ञ था, मगर उसकी किताब खूब चल रही थी, जो ट्राइपोस जैसी ब्रिटिश परीक्षाओं की तैयारी करनेवाले छात्रों को ध्यान में रखते हुए लिखी गई थी।'

न पचनेवाले विषय

रमन जब तमिलनाडु में गवर्नमेंट कॉलेज (कुंभकोणम) में पढ़ रहे थे, तब उन्हें गणित के अतिरिक्त अंग्रेजी, शरीर विज्ञान, रोम और यूनान का इतिहास एवं संस्कृत भी पढ़ना पड़ता था। उन्हें शरीर विज्ञान से चिढ़ होती थी, क्योंकि उन्हें चीर-फाड़ अच्छा नहीं लगता था।

एक बार उनके शिक्षक ने मेढक को क्लोरोफॉर्म सुँघाने को कहा। रामानुजन ने उनसे कहा, 'सर, क्या चीर-फाड़ के लिए समुद्री मेढकों को इसलिए चुना जाता है कि हम लोग कुएँ के मेढक हैं?' एक बार पाचन के विषय में अपनी उत्तर पुस्तिका में उन्होंने लिखा, 'सर! यह पाचन पाठ की मेरी अनपची चीज है। कृपया क्षमा करें।'

भोलापन

जिन दिनों श्रीनिवास रामानुजन कैंब्रिज में रह रहे थे उन दिनों उनकी जान-पहचान एक और भारतीय गणितज्ञ के. आनंद राव से थी। आनंद राव

गणित की दुनिया में पहचान बनाने की कोशिश कर रहे थे।

एक बार की बात है। राव ने रामानुजन से कहा कि स्मिथ पुरस्कार के लिए गणित का एक लेख लिख रहा हूँ।

रामानुजन ने भी भोलेपन में इस प्रतियोगिता को जीतने का विचार प्रकट किया। वे कैंब्रिज में अपने गुरु और मार्ग-निर्देशक प्रो. जी.एच. हार्डी से मिले तथा नम्रता से कहा कि वह भी स्मिथ पुरस्कार के लिए गणित का लेख लिखना चाहेंगे। रामानुजन के इस भोलेपन और विनम्रता पर प्रो. हार्डी मुसकराए। उन्होंने उनसे कहा, '(रामानुजन), तुमने स्मिथ पुरस्कार से ज्यादा बड़ी पहचान पहले ही हासिल कर ली है।'

एकमात्र तसवीर

सुब्रह्मण्यम चंद्रशेखर का शुक्रिया कीजिए कि हम लोग रामानुजन की तसवीर देख पा रहे हैं।

ऐसा हुआ कि प्रो. जी.एच. हार्डी को रामानुजन की तसवीर चाहिए थी, क्योंकि वे रामानुजन द्वारा हार्वर्ड विश्वविद्यालय में दिए गए व्याख्यानों पर एक पुस्तक प्रकाशित करना चहाते थे। हार्डी उस पुस्तक में रामानुजन की तसवीर लगाना चाहते थे; पर उन्हें तसवीर मिल नहीं पाई थी। भारत-यात्रा के दौरान सुब्रह्मण्यम चंद्रशेखर चेन्नई में रामानुजन की पत्नी से मिले। उन्होंने किसी तरह पुराने बक्से से खोज-बीन करके पासपोर्ट साइज की एक बहुत ही पुरानी तसवीर ढूँढ़कर निकाली और दे दी। मजे की बात यह है कि यह वही तसवीर थी, जो उन्होंने इंग्लैंड-यात्रा के दौरान पासपोर्ट के लिए खिंचवाई थी। चंद्रशेखर ने इस तसवीर से तीन बड़ी तसवीरें बनवाईं। एक तसवीर वापस श्रीमती रामानुजन को दी, दूसरी प्रो. हार्डी को भेंट की और तीसरी अपने कार्यालय के लिए रख ली। आज भी दुनिया में इस प्रतिभाशाली की एकमात्र यही असली तसवीर उपलब्ध है। बाद में संयुक्त राज्य अमेरिका में पॉल ग्रैनलुंड ने रामानुजन की इसी तसवीर पर आधारित एक मूर्ति (बस्ट) बनवाई।

रॉस, रोनॉल्ड

उपन्यासकार और कवि

भारत में जनमे अंग्रेज चिकित्सा विज्ञानी रोनॉल्ड रॉस (1857-1932) ने मलेरिया के परजीवियों की खोज की थी। इसके लिए उन्हें नोबल पुरस्कार भी मिला था। वे युवावस्था में रॉस उपन्यासकार और कवि बनना चाहते थे, मगर शायद उन्हें कुछ और ही करना था। उन्होंने रोमांटिक उपन्यास भी लिखे। उनका एक उपन्यास 'चाइल्ड ऑफ ओसींस' एक खूबसूरत द्वीप अंडमान की पृष्ठभूमि में लिखा गया है। दूसरे रोमांटिक उपन्यास का नाम 'द स्पिरिट ऑफ द स्टॉर्म' है, जिसका कथाक्षेत्र वेस्ट इंडीज है। 'फिलोसॉफीज' नामक काव्य संग्रह भी उन्होंने लिखा।

नोबल पुरस्कार जीतने और करोड़ों लोगों को मौत के मुँह में जाने से बचाने के बावजूद रॉस मन से संतुष्ट नहीं थे। उपन्यासकार नहीं बनने का मलाल उन्हें सारी जिंदगी रहा। उन्होंने मलेरिया परजीवी ढूँढ़ने के बाद एक कविता की निम्नांकित पंक्तियाँ लिखी थीं—

आज के दिन पसीजे मेरे ईश्वर
एक चीज मेरे हाथ में रखी
एक आश्चर्यजनक चीज; और ईश्वर
प्रशंसित बनो उसके आदेश पर
मैंने उसकी गुप्त कृति पाली है,
ओह, लाखों लोगों की मृत्यु
मैं जानता हूँ इस छोटी चीज को
लाखों लोग बचा लिये जाएँगे
ओह! मृत्यु! तुम्हारा डंक कहाँ है?
तुम्हारी विजय, तुम्हारी कब्र?

❖

रूबिया, कार्लो

बड़ा विज्ञान और अतिव्यस्त प्रधान

यूरोपियन न्यूक्लियर रिसर्च सेंटर स्वीडन की बहुत बड़ी वैज्ञानिक संस्था है, जो 'पार्टिकल फीजिक्स' में शोधकार्य करती है। इस काम को करने के लिए विभिन्न देशों के सैकड़ों वैज्ञानिक लगे हैं; परंतु वैज्ञानिकों की इस भीड़ में इनके प्रमुख से बात करना बहुत ही मुश्किल है, विशेषकर उससे, जो यूरोपीय न्यूक्लियर रिसर्च सेंटर का निदेशक हो, जो अपनी सीट पर कभी नहीं मिलता है और हमेशा हवा में ही उड़ता रहता है।

एक बार की बात है, एक महिला भौतिकीशास्त्री कार्लो रूबिया (1934-) के साथ भौतिकी की एक समस्या पर बात करने की बहुत इच्छुक थी। उस वक्त नोबल पुरस्कार विजेता कार्लो रूबिया यूरोपीय न्यूक्लियर रिसर्च सेंटर के निदेशक थे। वह इटली निवासी थे। रूबिया भी अपनी व्यस्त दिनचर्या के बावजूद समस्या के महत्त्व को समझते हुए उससे बात करने के उत्सुक थे। जब वह महिला भौतिकीशास्त्री रूबिया से मिलने के लिए समय माँगने को बेताब थी, तो उसे मौका नहीं मिल पाया। लेकिन जब उसने मिलने की उम्मीद छोड़ दी तो टेलीफोन की घंटी बजी—लाइन पर रूबिया थे। रूबिया ने फोन पर कहा, 'मेरे पास आपसे बात करने के लिए ठीक बीस मिनट हैं।'

वह महिला बहुत खुश हुई और रिसीवर रख दिया तथा रूबिया से मिलने के लिए निकल पड़ी, जो वहाँ से कुछ ही दूरी पर रहते थे। हालाँकि वह जब रूबिया के कार्यालय में पहुँची तो दरवाजे पर ताला लगा था। वह भौंचक्की रह गई। वह तुरंत रूबिया के सचिव के पास गई। उसने नाराज होकर पूछा, 'अभी-अभी रूबिया ने टेलीफोन से मुझे आमंत्रित किया था। पर अब वो कहाँ चले गए?'

'वे यहाँ नहीं हैं। वे हवाई अड्डे से बोल रहे थे।' सचिव ने बताया। 'उन्होंने मुझे टेलीफोन किया और बताया कि वे आपकी समस्या पर आपसे बात करने के इच्छुक थे; मगर आपका टेलीफोन व्यस्त था।'

———— ❖ ————

रे, प्रफुल्ल चंद्र

बाढ़ का डॉक्टर

भारतीय रसायनज्ञ प्रफुल्ल चंद्र रे (1861-1944) का व्यक्तित्व संतों जैसा था। महात्मा गांधी भी उनका सम्मान करते थे। वे अकसर उनपर चुटकी लेते थे कि प्रफुल्ल चंद्र रे बाढ़ के डॉक्टर हैं। (वे हमेशा पीड़ितों की सहायता में लगे रहते थे।)

विज्ञान इंतजार कर सकता है

प्रफुल्ल चंद्र रे अल्पाहारी और सादा जीवन व्यतीत करते थे। शुरू में वे मिल के बने कपड़े पहनते थे। बाद में खादी के कपड़े पहनने लगे। वे इन कपड़ों का त्याग तभी करते, जब ये फट जाते थे। अपने कपड़े वे स्वयं धोते थे। जूता पॉलिश भी खुद ही करते थे। उन्होंने कभी शादी नहीं की। हमेशा उनके साथ दो-तीन छात्र रहते थे। वे खुद पर खर्च करने की बजाय कई ट्रस्टों और जरूरतमंद संगठनों को दान देते थे। उनके योगदान और जीवन-शैली की वजह से उन्हें लोग 'आचार्य' कहने लगे।

यद्यपि रे कभी किसी राजनीतिक दल के सदस्य नहीं रहे, मगर इसके बावजूद वे आजादी के आंदोलन से दूर नहीं रह सके। कई राजनीतिक मंचों से उन्होंने जोशीले भाषण दिए। अपने एक भाषण में उन्होंने कहा था, 'विज्ञान इंतजार कर सकता है, मगर आजादी नहीं।'

छोटी धनराशि और बड़े काम

सन् 1900 की बात है। मात्र आठ सौ रुपए की पूँजी से प्रफुल्ल चंद्र रे ने बंगाल केमिकल और फॉर्मास्यूटिकल वर्क्स की स्थापना की थी। जिस उपकरण से सर सी.वी. रमन ने 'रमन प्रभाव' खोजा था और भौतिकी का नोबल पुरस्कार जीता था, उसे रमन ने मात्र दो सौ रुपए में खरीदा था।

❖

रोएंटजेन, विल्हेल्म कोनराड

अफवाह का शिकार एक्स-रे

जब सन् 1896 की जनवरी में जर्मन भौतिकीशास्त्री विल्हेल्म कोनराड रोएंटजेन (1845–1923) ने एक्स किरणों की खोज की घोषणा की थी तो पूरे विश्व में तहलका मच गया था। अखबारवालों ने इसके बारे में गलत छापा। इसके उद्देश्य का उलटा अर्थ लगा लिया गया। अखबारों में कार्टून छपने लगे। कई तरह की कंपनियाँ बाजार में छा गईं।

लंदन की एक कंपनी ने एक्स–रे प्रूफ अंगवस्त्र बनाना शुरू कर दिया। फ्रांस की एक कंपनी ने आत्मा की तसवीर खींचने का दावा किया। संयुक्त राज्य अमेरिका की एक कंपनी ने एक्स–रे की मदद से धातु के सिक्कों को सोने के सिक्कों में बदलने का प्रचार किया। लॉर्ड केल्विन आदि वैज्ञानिकों ने भी एक्स–रे को अफवाह माना था।

पर्दाफाश करनेवाली किरणों का गुप्त खोजी

रोएंटजेन ने जिन एक्स किरणों की खोज की थी, वे जहाँ से गुजरतीं, रास्ते में पड़नेवाली तमाम चीजों का पर्दाफाश कर देती थीं; मगर इसके खोजकर्ता रोएंटजेन अपने शोध को बहुत गोपनीय बनाकर रखते थे। यहाँ तक कि उनके शोध सहायक को भी इसका पता नहीं चल पाया था।

❖

रोलैंड, हेनरी ऑगस्टस

शपथ के अंदर महानतम अमेरिकी

अमेरिकी भौतिकीशास्त्री हेनरी ऑगस्टस रोलैंड (1848–1901) ने सितारों के अध्ययन में बारीक विवर्तन (डिफ्रैक्शन) जाली बनाने के लिए एक तकनीक निकाली थी। एक बार एक मुकदमे के दौरान अमेरिका के सबसे बड़े वैज्ञानिक का नाम बताने के लिए उनसे कहा गया तो उन्होंने अपना नाम बताया। बाद में उनसे पूछा गया कि उनके जैसा विनम्र आदमी भला अपना नाम किस

प्रकार ले सका, तो उन्होंने जवाब दिया, 'क्योंकि मैं सत्य बोलने के लिए शपथ से बँधा था।'

लाइसेंको, ट्रॉफिम डेनिसोविच

लाइसेंकोवाद?

बीसवीं सदी की शुरुआत में रूसी पादप विज्ञानी ट्रॉफिम डेनिसोविच लाइसेंको (1898-1976) अपने प्रयोगों के आधार पर सोवियत नेता जोसफ स्टालिन को यह समझाने में सफल हो गए कि 'संपूर्ण आनुवंशिकी विज्ञान गलत है।' उन्होंने दावा किया कि जीन मिथ हैं और पौधों के गुणों के बनने में पर्यावरणीय स्थितियों की भूमिका होती है। उन्होंने सोवियत नेता को प्रभावित करने की कोशिश की कि यदि निकोलाई वाविलोव (1887-1943) और उसके सहयोगियों को शोधकार्य से मना कर दिया जाए तो कम-से-कम समय में वह देश में खाद्यान्न उत्पादन को बढ़ा सकता है।

कई प्रमुख जीव विज्ञानियों के बीच लाइसेंको का आतंक था। वाविलोव को उसके खिलाफ बगावत करने के जुर्म में सजा हुई थी और साइबेरिया के लेबर कैंप में भेज दिया गया था। सोवियत सत्ता को यह समझने में अच्छी-खासी देर लगी कि लाइसेंको के दावे आधारहीन थे। अंततः सन् 1965 में लाइसेंको की भर्त्सना हुई, मगर सोवियत संघ में जीव विज्ञान के शोध को नुकसान पहुँच चुका था। तभी से यह जीन संबंधी शोधकार्य में अन्य देशों की तुलना में पिछड़ा हुआ है। जीव विज्ञानियों के बीच छाए इस आतंक को 'लाइसेंकोवाद' के नाम से जाना जाता है। यह दुनिया के तमाम राजनीतिज्ञों और वैज्ञानिकों को स्पष्ट संदेश देता है कि विज्ञान को राजनीति से दूर रखो। इसे खुली बहस, बातचीत तथा चिंतन के जरिए ही आगे बढ़ाया जाना चाहिए।

लॉन्सडेल, कैथलीन

जेल और कैदियों का अध्ययन

दूसरे विश्वयुद्ध के दौरान सेना के लिए शोधकार्य करने से इनकार करने पर प्रख्यात ब्रिटिश रसायनशास्त्री कैथलीन लॉन्सडेल (1903–1971) को कारागार में डाल दिया गया था। क्रिस्टल के क्षेत्र में उन्होंने महत्त्वपूर्ण कार्य किया है। कारागार में डाल दिए जाने के बाद उन्होंने कारागार और उसके कैदियों का अध्ययन किया। उनके इस काम की वजह से कैदियों की स्थिति में सुधार के लिए जेल के नियम-कानूनों में संशोधन हुए।

❖

लाप्लेस, पियरे-साइमन

ईश्वर एक सुंदर अभिकल्पना है

खगोलीय यांत्रिकी (सेलेस्टियल मेकैनिक्स) आसमान के खगोलीय पिंडों की गति का अध्ययन करता है। इसके अंतर्गत गणित और भौतिकी का भी समावेश है। इसके लिए तर्कशक्ति और निगमन तर्कों की भी जरूरत होती है। जब महान् फ्रांसीसी गणितज्ञ पियरे-साइमन लाप्लेस ने इस विषय पर पुस्तक लिखी तो उसकी एक प्रति उन्होंने नेपोलियन प्रथम को भेंट की थी।

पूरी किताब पढ़ लेने के बाद नेपोलियन ने कहा कि 'पूरी पुस्तक में कहीं भी खगोलीय पिंडों की गति के लिए तुमने ईश्वर का जिक्र नहीं किया है।' लाप्लेस ने उत्तर दिया, 'उस परिकल्पना की मुझे कोई जरूरत नहीं थी।' इस पुस्तक के एक और सह लेखक फ्रांसीसी गणितज्ञ जोसफ लुईस लैग्रेंज ने इस उत्तर को सुना तो बोले, 'यह उसी की तरह एक सुंदर अभिकल्पना है। यह कई सारी चीजों को विश्लेषित करती है।'

❖

लावोजियर, एंटनी-लॉरेंट

वाक्पटु वैज्ञानिक

फ्रांसीसी रसायनज्ञ एंटनी-लॉरेंट लावोजियर (1743-1794) बहुमुखी प्रतिभावाले व्यक्ति थे। विज्ञान के साथ-साथ उन्होंने वैज्ञानिक खेती, वित्त, अर्थशास्त्र, सरकार और लोकशिक्षा के क्षेत्र में भी अपना योगदान किया।

वे एक राजनीतिज्ञ भी थे। और कई तरह के सार्वजनिक बयान दिया करते थे। उनका सबसे मशहूर बयान है—'खुशियाँ कुछ लोगों तक सीमित नहीं रहनी चाहिए; यह सबकी हैं।' वे सभी लोगों को व्यक्तिगत स्वतंत्रता के अधिकार के पक्षधर थे।

❖

लीयूवेनहॉक, एंटनी-वान

प्रथम की भरमार

एंटनी वान लीयूवेनहॉक (1632-1723) पुर्तगाली भंडारपाल और काँच घिसनेवाले थे। उन्होंने सूक्ष्मदर्शी का आविष्कार किया था। विज्ञान ने कई चीजों में पहला होने का सेहरा उन्हीं के सिर पर बाँधा है। पचास वर्ष के जीवनकाल में उन्होंने लंदन स्थित रॉयल सोसाइटी को अपनी वैज्ञानिक खोजों से संबंधित 375 पत्र लिखे थे। उन दिनों रॉयल सोसाइटी अग्रणी वैज्ञानिक संस्था मानी जाती थी। वे पहले व्यक्ति थे, जिन्होंने सूक्ष्म नलिकाओं (कैपिलरी वेसेल्स) के जरिए रक्त को नसों से धमनियों की ओर यात्रा करते देखा था। उन्होंने ही पहली बार वैक्टीरिया का सटीक विवरण प्रस्तुत किया था। यीस्ट, मांसपेशियाँ, नसों के ऊतकों, प्रोटोजोआ और स्पर्माटोजोआ को देखनेवाले वे प्रथम व्यक्ति थे।

❖

लुईस, गिलबर्ट न्यूटन

सबसे महँगी कॉकटेल

रसायनशास्त्री गिलबर्ट न्यूटम लुईस (1875-1946) ने बड़ी मुश्किलों से पहली बार एक घन सेंटीमीटर शुद्ध कठोर जल से सबसे महँगी शराब बनाई

थी। इसे चखनेवाले प्रथम व्यक्ति नाभिकीय भौतिकीविद् और साइक्लोट्रॉन के आविष्कारक ई.ओ. लॉरेंस (1901-1958) थे। पीने के तुरंत बाद लॉरेंस को मिर्गी का दौरा पड़ा था। इस शराब को पीनेवाला एक अन्य जीव चूहा था, जिसपर कोई भी प्रभाव दृष्टिगोचर नहीं हुआ था।

❖

लैंगमुइर, इरविंग

शोधकार्य खेल है

वैज्ञानिक सिर्फ पैसे के लिए नहीं, बल्कि खेल-खेल में भी शोधकार्य करते हैं। विलिस आर. व्हिटनी, जिन्होंने संयुक्त राज्य अमेरिका के जनरल इलेक्ट्रिक कंपनी में शोधकार्य की कमान सँभाली थी, अपने कार्मिकों से हमेशा पूछते थे, 'सबकुछ मजे में है?' एक दिन इरविंग लैंगमुइर ने जवाब दिया, 'हाँ, निश्चय ही; परंतु मुझे बताइए, डॉ. व्हिटनी! मैं जी.ई. के लिए क्या कर रहा हूँ?'

व्हिटनी ने तुरंत जवाब दिया, 'यह तुम्हारी परेशानी नहीं है।'

इरविंग लैंगमुइर को सन् 1932 में रसायन विज्ञान का नोबल पुरस्कार मिला था।

❖

लैंदॉ, लेव डेविडोविच

सावधान!

रूसी भौतिकीशास्त्री और नोबल पुरस्कार विजेता लेव डेविडोविच लैंदॉ (1908-1968) छात्रों के बीच दॉ के नाम से लोकप्रिय थे। एक बार उनके दफ्तर के बाहर सूचना-पट्ट पर लिखा था—'सावधान! वह काटता है!'

मूल्यांकन का अनूठा तरीका

लेव डेविडोविच लैंदॉ भौतिकी के शोधपत्र को विस्तार से शायद ही पढ़ते थे। वे इसपर सरसरी निगाह डालकर यह तलाशने की कोशिश करते कि यह मजेदार है या नहीं। यदि उन्हें कुछ मजेदार लगता तो वे यह ढूँढ़ते कि लेखक ने

विषय को किस प्रकार छुआ है और शोध-समस्या को किस प्रकार देखा है। एक बार समझने के बाद वे खुद गणना करना शुरू कर देते। यदि उनका उत्तर लेखक के उत्तर से मेल खाता, तभी वे शोधपत्र को स्वीकृति प्रदान करते।

❖

लैग्रेंज, जोसफ-लुईस

घातक डुबकी

सन् 1766 में बर्लिन में फ्रेडरिक की कोर्ट में गणितज्ञ के रूप में जमने के बाद इतालवी मूल के फ्रांसीसी गणितज्ञ जोसफ-लुईस लैग्रेंज (1736-1813) ने ट्यूरिन की एक नवयुवती से शादी की। लैग्रेंज के फ्रांसीसी मित्र और गणितज्ञ 'जीन ले रॉण्ड डि' एलंबर्ट (1717-1783) ने उन्हें लिखा, 'मैं समझता हूँ कि तुमने जो किया है, उसे हम दार्शनिक घातक डुबकी कहते हैं।...एक अच्छे गणितज्ञ को सभी चीजों से ऊपर खुशियों का आकलन करना आना चाहिए। तब मुझे कोई संदेह नहीं होगा कि इस आकलन के बाद भी तुमने विवाह में समाधान ढूँढ़ा।'

लैग्रेंज ने उत्तर दिया, 'मैं नहीं जानता हूँ कि मैंने गलत आकलन किया या सही! मुझे नहीं विश्वास है कि मैंने कोई आकलन भी किया है।'

❖

लैब्निज, गॉटफ्रीड विल्हेल्म

दार्शनिक वैज्ञानिक

जर्मन गणितज्ञ गॉटफ्रीड विल्हेल्म लैब्निज (1646-1716) को 'सत्रहवीं सदी का अरस्तू' भी कहा जाता था, क्योंकि उन्होंने लगभग हर विषय का अध्ययन किया था। वे दार्शनिक और कंप्यूटर विज्ञानी भी थे। जब उनकी उम्र सोलह वर्ष की भी नहीं हुई थी, तब उन्होंने एक दार्शनिक लेख लिखा कि क्या चीजें स्वतंत्र रूप में सत्तावान् होती हैं या उन्हें उनके गुणों के रूप में महसूस किया जाता है। उन्होंने राजनीति में भी आश्चर्यजनक रूप से जगह बनाई। वे जीवन भर दर्शन और गणित का अध्ययन करते रहे। वे आजीवन अविवाहित रहे। वे खुद को कमरे में बंद कर लेते और घंटों विभिन्न विषयों पर सोचते रहते।

दुर्भाग्यवश जीवन के अंतिम दिनों में वे राजनीति से बाहर थे। उनकी मौत राजपरिवारों, राजनीतिज्ञों और लोगों के द्वारा भुला दी गई थी। ऐसा कहा जाता है कि उनके दाह-संस्कार के वक्त शोक मनाने के लिए मात्र उनके निजी सचिव मौजूद थे।

❖

लोमोनोसोव, मिखाइल वासिल्येविच

वैज्ञानिक और वैयाकरण

रूसी विज्ञान के संस्थापक रसायनशास्त्री मिखाइल लोमोनोसोव (1711-1765) पहले व्यक्ति थे, जिसने शुक्र के वातावरण और पारे के जमाव को देखा था। उन्होंने रूसी व्याकरण की एक किताब भी लिखी थी, जिसने रूसी भाषा को परिवर्तित कर दिया था। उन्होंने मास्को विश्वविद्यालय (यूनिवर्सिटी ऑफ मास्को) की स्थापना की थी।

❖

वर्द्धन, हर्ष

कनिष्ठ भी सोचें

सन् 1946 में डॉ. हर्ष वर्द्धन ने पंजाब विश्वविद्यालय के भौतिकी विभाग में सैद्धांतिक भौतिकी के प्रख्यात भारतीय वैज्ञानिक प्रो. पी.के. किचलू के शोध सहायक के रूप में कार्यभार ग्रहण किया। उसके बाद उनके पूर्ववर्ती मोहिंदर ने बताया कि यहाँ का काम बहुत कठिन है। विभिन्न औद्योगिक उपयोगों के लिए हीरा काटने और पॉलिश करनेवाली मशीनें चलाने तथा लगाने के काम में डॉ. हर्ष वर्द्धन को प्रो. किचलू की मदद करनी थी। डॉ. हर्ष वर्द्धन ने सोचा कि मोहिंदर तो काम के कठिन होने के बारे में बता रहा था, मगर यह तो बिलकुल ही अलग किस्म का निकला। कुछ दिनों के अंदर प्रो. किचलू डॉ. हर्ष वर्द्धन से गलियारे में मिले तो पूछा कि वे क्या कर रहे हैं? डॉ. हर्ष वर्द्धन ने कुछ मशीनों के बारे में बताया। कुछ घंटों बाद प्रो. किचलू फिर मिले, फिर वही सवाल पूछा। डॉ. हर्ष वर्द्धन ने कुछ अस्पष्ट उत्तर दिया। कुछ दिनों बाद जब भी प्रो. किचलू मिलते तो वही सवाल पूछते। हर घंटे बाद डॉ. हर्ष वर्द्धन के बाद जवाब के लिए कुछ नहीं होता था। अब

जाकर डॉ. हर्ष वर्द्धन को मोहिंदर की बात का एहसास हुआ। डॉ. हर्ष वर्द्धन बहुत परेशान हो गए। रात भर सो नहीं सके। इस समस्या पर काफी देर सोचने के बाद उन्होंने एक नई रणनीति आजमाने की सोची।

अब जब भी डॉ. हर्ष वर्द्धन प्रो. किचलू से मिलते तो वे हीरों, हीरे की तकनीक और मशीनों आदि के बारे में पूछना शुरू कर देते। अब डॉ. किचलू को जवाब देने में परेशानी होने लगती। कालांतर में प्रो. किचलू उनकी तारीफ करने लगे। यह प्रो. किचलू की तकनीक थी कि उनके कनिष्ठकर्मी सोचना शुरू करें, बार-बार सोचें, पूछें और काम के बारे में बार-बार पूछें।

❖

वाटसन, जेम्स डेवी

तरुण पक्षी-प्रेमी

अमेरिकी नोबल पुरस्कार विजेता जेम्स डी. वाटसन (1928-) ने डी.एन.ए. की कुंडलीदार संरचना की खोज क्रिक के साथ मिलकर की थी। उन्हें बचपन और युवावस्था में पक्षी देखने का जबरदस्त शौक था। वे मोलेकुलर बायलॉजी और जीव विज्ञान के क्षेत्र में बाद में आए। उन्होंने एक बार कहा भी था कि जब आप तरुणावस्था में हों तो विज्ञान को समझने का बेहतर रास्ता पक्षी-दर्शन है।

❖

वारबर्ग, ओटो

बुरा आदमी…पर बढ़िया वैज्ञानिक

ओटो वारबर्ग जर्मन जैव रसायन शास्त्री थे। उन्हें नोबल पुरस्कार भी मिला था। एक बार पत्रकारों ने इस आरोप पर उनकी प्रतिक्रिया माँगी कि क्या वे बुरे आदमी, पर बढ़िया वैज्ञानिक हैं? अपने कड़वे अंदाज में वारबर्ग ने जवाब दिया, '... ... ...'

कोई छुट्टी नहीं

ओटो वारबर्ग कभी नहीं चाहते थे कि उनकी प्रयोगशाला से कोई छुट्टी लेकर जाए। वे अपने सहायकों को सलाह देते कि वे अपने सारे काम

रविवार को निपटा लें; चाहे स्कूल में दाखिले का काम हो या बच्चे की देखभाल का या बीमार की तीमारदारी का। जब जर्मनी की सरकार ने एक अलंकरण से उनको सम्मानित किया तो उन्होंने संबंधित पदाधिकारी को टेलीफोन से संदेश दिया—'कृपया डाक से अलंकरण भेज दें। मेरे प्रयोग प्रयोगशाला छोड़ने की अनुमति मुझे नहीं देते हैं।'

❖

वाविलोव, निकोलाई

बेहतरीन पादप खोजी

रूसी पादप जीन विज्ञानी निकोलाई वाविलोव (1887-1943) निर्भीक खोजी थे। उन्होंने पृथ्वी पर अत्यंत जीनी जैव विविधतावाले क्षेत्रों की खोज की थी, जिन्हें आज 'वाविलोव केंद्र' के नाम से जाना जाता है। पौधों की नई प्रजातियों के संग्रह के लिए दूर के इलाके में खोज के लिए जाने के दौरान कई बार वे मौत के मुँह में जाने से बाल-बाल बच गए थे। एक बार अपने घोड़े पर सवार होकर रस्सी और टहनियों के बने पुल से वे गुजर रहे थे कि एक जिफ्फन गिद्ध ने उनपर हमला कर दिया था। वे घाटी में लगभग गिरते-गिरते बचे थे।

अफ्रीका अभियान के दौरान वाविलोव के विमान को इंजन की खराबी के कारण गरम रेगिस्तान में उतरना पड़ा। जब तक पायलट इंजन ठीक कर रहा था, वाविलोव ने भूखे और दहाड़ते शेरों को जलती हुई लकड़ी की मदद से दूर रखा था। एक बार की बात है। वे देर रात तक एक तंबू में पढ़ रहे थे। तभी बिच्छुओं का एक झुंड अंदर आ गया। यदि वे वाविलोव को काट लेते तो तुरंत उनकी मौत हो जाती, परंतु वाविलोव ने महसूस किया कि यह लैंप की रोशनी है, जिसने बिच्छुओं को आकर्षित किया है। उन्होंने लैंप को उठाकर बाहर रख दिया। सभी बिच्छू तंबू से निकलकर बाहर चले गए।

❖

वीनर, नॉरबर्ट

सोते समय भी सावधान

अमेरिकी गणितज्ञ और साइबरनेटिक्स के विशेषज्ञ (1894–1964) 'इरगोडिक थ्योरम' नामक गणितीय प्रमेय को बहुत पसंद करते थे। हालत यह थी कि यह थ्योरम उनकी हर चर्चा-बातचीत में किसी-न-किसी रूप में जिक्र का कारण बनता था। संयुक्त राज्य अमेरिका में मैसाच्यूसेट्स इंस्टीट्यूट ऑफ टेक्नोलॉजी में गणित के किसी विशेष मसले पर एक सेमिनार हो रहा था। वक्ता ने वीनर को सोते हुए पाया। वीनर न सिर्फ सो रहे थे, बल्कि खर्राटे भी ले रहे थे। वक्ता यह देखकर नाराज हुए। नाराजगी में भाषण जारी रखते हुए उन्होंने कुटिलता से कहा, 'और इससे 'इरगोडिक थ्योरम' का कुछ लेना-देना नहीं है।'

वीनर तुरंत जग गए और बोले, 'नहीं! नहीं! इसका लेना-देना है।' वीनर उठे और ब्लैकबोर्ड तक गए। उन्होंने सबके संतोष के लिए सिद्ध करके दिखाया कि वक्ता जो बोल रहे थे, उसका इरगोदिक थ्योरम से किस प्रकार लेना-देना है।

वेसेलियस, एंड्रिएस

मृत्यु तक गुमनाम

इटली के एंड्रियस वेसेलियस (1514–1564) शरीर विज्ञान के जनक माने जाते हैं। जब तक वे जीवित रहे, उनके समकालीनों ने उनके योगदान और उनकी बेहतरीन पुस्तक 'द स्ट्रक्चर ऑफ द ह्यूमन बॉडी' की कभी सराहना नहीं की। उनके शिक्षक जैकोबस सिल्वियस ने भी उनकी भर्त्सना की और उन्हें 'सिद्धांतहीन छलाँगें' लगानेवाला कहा। उन्होंने यह आरोप भी लगाया कि वे एक पागल व्यक्ति हैं, जिसकी घातक शिक्षा यूरोप के जनजीवन में जहर घोल रही है। एक बार जब उन्हें इटली के पादुआ में शरीर विज्ञान पढ़ाने का मौका दिया गया तो लगा कि वे सेलियस शरीर विज्ञान पर अपने विचार के प्रसार में सक्षम हो जाएँगे; मगर इसके पहले कि वेसेलियस इटली लौटकर पढ़ाने का काम शुरू करते, येरूशलम की तीर्थयात्रा के दौरान जलयानों के टकराने के कारण उनकी मौत हो गई।

व्हिस्टन, विलियम

खगोलशास्त्र और धर्म की खिचड़ी

सन् 1717 में विलियम व्हिस्टन लूकेसियन प्रोफेसर के रूप में सर आइजक न्यूटन के उत्तराधिकारी बने। उन्होंने 'एस्ट्रोनॉमिकल प्रिंसिपल्स ऑफ रिलीजन' नामक एक पुस्तक लिखी। इस पुस्तक में उन्होंने तर्क दिया कि ईश्वर ने इस ब्रह्मांड को नष्ट होने से बचाने के लिए पकड़कर रखा है।

❖

व्हीलर, जॉन

नए नाम

अमेरिकी भौतिकीशास्त्री जॉन व्हीलर (1911–) ने हाइड्रोजन बम प्रोजेक्ट में काम किया था। किसी चीज या परिघटना का नाम रखने के लिए रात में बिस्तर पर लेटे-लेटे या बाथटब में आराम करते हुए घंटों ध्यानमग्न रहते थे। जब एक बार वे इस नाम से संतुष्ट हो जाते तो बिना किसी को बताए इसका उपयोग करना शुरू कर देते थे, जैसे हर कोई इसे पहले से जानता हो।

सन् 1967 के दिसंबर में एक व्याख्यान में व्हीलर ने नष्ट हुए या जम जानेवाले तारों के लिए 'ब्लैकहोल' नाम सुझाया। इसकी खूब प्रशंसा हुई और दुनिया भर के खगोल भौतिकीविदों ने इस नाम को अपना लिया। आज इस खगोलीय पदार्थ ने लोगों की कल्पना को पर लगा दिया है। इस नाम की एक फिल्म भी बनी है।

❖

शॉकली, विलियम

विवादास्पद भौतिकीशास्त्री

अमेरिकी भौतिकीशास्त्री और नोबल पुरस्कार विजेता विलियम शॉकली (1910–1989) ने ट्रांजिस्टर का आविष्कार किया था। वे संयुक्त राज्य अमेरिका के

इतिहास में अश्वेत-विरोधी विचारों के कारण विवादों में घिर गए थे। '60 के दशक के उत्तरार्द्ध में वे सार्वजनिक तौर पर व्याख्यानों और समाचार-पत्रों में साक्षात्कार देने लगे थे कि अश्वेत अमेरिकी जीनी तौर पर निम्नतर नस्ल के लोग हैं। उन्हें कर-संबंधी छूट देकर उनकी जनसंख्या को रोका जाए। एक बार तो उन्होंने वैज्ञानिकों से 'डिस्जेनिक्स' का विस्तार से अध्ययन करने का आग्रह भी किया था। 'जीनी तौर पर अपंग व्यक्तियों के असमानुपातिक प्रजनन के जरिए भ्रष्ट विकास 'डिस्जेनिक्स' कहलाता है।' यह परिभाषा शॉकली ने ही दी थी।

उनकी खुली घोषणाओं ने उन्हें संयुक्त राज्य अमेरिका का सबसे बड़ा घृणित खलनायक बना दिया था। उन्हें 'छद्म वैज्ञानिक, धर्मांध और फासिस्ट' तक कहा गया। कई विश्वविद्यालयों में उनके पुतले जलाए गए। कुछ प्रतिष्ठित विश्वविद्यालयों में उन्हें अध्यापन-कार्य से रोक दिया गया। इस मामले में दुनिया के बहुत कम वैज्ञानिक उनकी बराबरी कर सकते हैं। एक विचित्र बात यह हुई कि शॉकली के आविष्कार ट्रांजिस्टर का उपयोग एक गाली 'ऑफ पिग शॉकली' की तेज आवाज निकालने के लिए किया गया। इसका प्रयोग कई सभाओं और विरोध-जुलूसों में किया गया। एक बार प्रदर्शन हो रहे थे, तभी लाउडस्पीकर खराब हो गया। तब शॉकली लाउडस्पीकर के उपकरण के पास चुपचाप गए और उसे ठीक कर दिया। यह देखकर प्रदर्शनकारी दंग रह गए।

सोचने की इच्छाशक्ति

अपने पूरे जीवनकाल में विलियम शॉकली 'सोचने की इच्छाशक्ति' में भरोसा करते थे। यह मुहावरा उन्होंने सन् 1940 में नाभिकीय भौतिकीवेत्ता एनरिको फर्मी से ग्रहण किया था। बाद में शॉकली ने इसके बारे में लिखा, '...फर्मी ने बहुत महत्त्वपूर्ण अंतर्दृष्टि को समझ लिया था—एक संपूर्ण चिंतक मेहनत और सटीक चिंतन के लिए स्वयं प्रयास करने से नहीं हिचकेगा, यदि उसे यह भरोसा हो कि उसके प्रयास के नतीजे से कुछ किया जाएगा। कई वर्षों तक कॉलेज में 'वैज्ञानिक चिंतन के लिए मानसिक औजार' नामक पाठ्यक्रम उन्होंने विद्यार्थियों को पढ़ाया भी था। 'थिंकिंग एबाउट थिंकिंग इंप्रूव्स थिंकिंग' नामक लेख भी उन्होंने लिखा था।

❖

शीले, कार्ल विल्हेल्म

मौत की सेज पर शादी

जर्मनी के रसायनशास्त्री कार्ल विल्हेल्म शीले (1742–1786) ने ऑक्सीजन की खोज की थी। काम में व्यस्तता के कारण उन्हें शादी के लिए समय ही नहीं मिल पाया। जब उन्होंने शादी करने का निर्णय किया, तब उनकी उम्र चौवालीस वर्ष थी और वे गठिया से पीड़ित होकर मृत्यु-शय्या पर पड़े थे। शादी के दो दिन बाद उनकी मौत हो गई।

❖

शैनॉन, क्लॉड ई.

सूचना विज्ञान का न्यूटन

अमेरिकी इंजीनियर और सूचना वैज्ञानिक क्लॉड ई. शैनॉन (1916–) का घर कई तरह के उपकरणों—कंप्यूटर से लेकर इलेक्ट्रॉनिक माउस तक से भरा पड़ा था। वे कंप्यूटर पर शतरंज खेलते थे तो इलेक्ट्रॉनिक चूहा भूलभुलैया में अपना रास्ता खुद ही तलाश कर लेता। शैनॉन को आज 'सूचना विज्ञान का न्यूटन' कहा जाता है।

❖

श्रौडिंगर, इरविन

प्रेम में बड़ी ताकत है

ऑस्ट्रियाई भौतिकीवेत्ता और नोबल पुरस्कार विजेता इरविन श्रौडिंगर (1887–1961) के सत्तर वर्ष के जीवनकाल में कई प्रेम-संबंध रहे थे। वे उन्हें प्रेम और प्रेमियों पर प्रेम-कविताएँ लिखने के लिए प्रेरणा देते थे। एक बार उन्होंने टिप्पणी की, 'दुनिया की सभी महान् चीजें प्रेम के जरिए काम करती हैं, सिर्फ बच्चे ही नहीं। यह सबकुछ बनाती है। प्रेम महान् प्रयास में बाधा नहीं, बल्कि वाहक है।'

यहाँ उनकी कविता का एक नमूना है—

जब विकलो के तट पर

स्नान के बाद
हम लोग एक-दूसरे के होंठ से
चेरी को चूमते हैं
मुझे बताओ, इसका क्या अर्थ होगा
क्या हम लोगों के लिए खेल मात्र है?
जब विकलो के तट पर
मैं अपना गाल
तुम्हारी नंगी बाँहों से लगाता हूँ
तुम्हारी नंगी बाँहों के अंदर सोता हूँ
मुझे बताओ, इसका क्या मतलब हुआ?
क्या यह किसी दो के लिए खेल मात्र है
जब विकलो के तट पर
मैं एक बार तुम्हारा आलिंगन करूँगा
पूरी शक्ति के साथ
इसका क्या अर्थ लगने जा रहा है
कि तुम तब से मुझसे दूर
नहीं जाओगी, कभी नहीं जाओगी!

❖

श्विंगर, जुलियन

स्नातक के दौरान ही पी-एच.डी.

एक बार की बात है। एक दिन मशहूर नाभिकीय भौतिकीशास्त्री आई.आई. रबी अपने छात्रों के साथ एक शोधपत्र पर बातचीत कर रहे थे। उन्होंने उसी दौरान देखा कि उनके कमरे के बाहर कोई इंतजार कर रहा है। यह सोलह वर्षीय तरुण जुलियन श्विंगर (1918-1994) था। उस समय श्विंगर स्थानीय महाविद्यालय में स्नातक के प्रथम वर्ष के छात्र थे। श्विंगर ने भौतिकी पर जो लिखा था, उसे रबी को दिखाया। रबी प्रभावित होने की जगह खूब खुश हुए। फिर श्विंगर ने कॉलेज की अपनी रिपोर्ट दिखाई, जिसमें दरशाया गया था कि श्विंगर कई विषयों में फेल थे।

शिंवगर ने रबी को बतलाया कि कॉलेज का डीन उच्च शिक्षा के लिए उन्हें अनुमति देने के लिए तैयार नहीं है। जब रबी ने डीन को सलाह दी कि शिंवगर को भौतिकी में योगदान के लिए उन्हें छात्रवृत्ति दें तो डीन ने सीधा मना कर दिया। उन्होंने तो यहाँ तक कह दिया कि वे उसे अगली क्लास में दाखिला नहीं देंगे।

इसके बाद रबी ने शिंवगर को स्नातक कोर्स में दाखिला दिलाने के लिए हस्ताक्षर अभियान चलाया। उन्होंने शिंवगर के पेपर कई बड़े भौतिकीशास्त्रियों को दिखलाए। इनमें हेंस बेथे भी शामिल थे। सभी बहुत प्रभावित हुए और एकमत से शिंवगर की अनुशंसा करने के लिए तैयार हो गए। तब जाकर शिंवगर को स्नातक पाठ्यक्रम में दाखिले की अनुमति मिली। जब तक उन्होंने स्नातक का पाठ्यक्रम पूरा किया, वे अपनी पी-एच.डी. पूरी कर चुके थे।

———— ❖ ————

सखारोव, आंद्रे द्मीत्रिएविच

रूस के गांधी

आंद्रे डी. सखारोव (1921-1989) रूसी हाइड्रोजन बम के जनक थे। उन्हें शांति का नोबल पुरस्कार भी मिला था। सन् 1974 से 1985 के दौरान पूर्व सोवियत संघ में न्याय की सार्वजनिक वंचना की ओर सत्ता का ध्यान खींचने के लिए वे कई बार भूख-हड़ताल पर बैठे थे। कानूनी सुधार के लिए सत्ता पर दबाव बनाने के क्रम में विश्व जनमत बनाने का काम उन्होंने किया था। इसके बदले उन्हें सात वर्षों तक गोर्की में निर्वासन का जीवन बिताना पड़ा था।

———— ❖ ————

सलाम, अब्दुस

1930 के दशक में भौतिकी के शिक्षक

अब्दुस सलाम पाकिस्तान के प्रख्यात भौतिकीवेत्ता और नोबल पुरस्कार विजेता थे। उन्होंने प्रकृति की चार मौलिक शक्तियों, यथा—गुरुत्व, विद्युत्, कमजोर

और शक्तिशाली नाभिकीय शक्ति के एकीकरण का अध्ययन किया था। उन्होंने एक बार बताया था कि '30 के दशक में पाकिस्तान में लाहौर के पास झाँग में स्कूली दिनों में प्रकृति की मौलिक शक्तियों से किस प्रकार उनका साक्षात्कार हुआ था।

'हमारे शिक्षक ने गुरुत्व शक्ति के बारे में बताया। यकीनन उस समय झाँग जैसी जगह में भी लोग गुरुत्वाकर्षण की शक्ति और न्यूटन के नाम से परिचित थे। फिर हमारे शिक्षक ने चुंबकत्व के बारे में बताया। उन्होंने हम लोगों को चुंबक दिखाया। फिर उन्होंने कहा, 'बिजली! यही वह शक्ति है, जो झाँग में नहीं रहती है। वह सिर्फ लाहौर में रहती है। यहाँ से सौ मील पश्चिम। और नाभिकीय शक्ति! यह वह शक्ति है जो सिर्फ यूरोप में रहती है। यह भारत या पाकिस्तान में नहीं रहती है। मगर हमें इससे परेशान होने की जरूरत नहीं है।' मगर मुझे अभी भी याद है कि वे एक और शक्ति—'कैपिलरी फोर्स'—के बारे में बताने के बहुत इच्छुक थे। मैं हमेशा चकित रहता कि क्यों वे 'कैपिलरी फोर्स' को 'कुदरत की मौलिक शक्ति' की संज्ञा देते हैं? आज मुझे कारण पता है। वे हम लोगों को अविसेना (प्रख्यात अरब चिकित्सक) के अनुसार शक्ति नियमों के बारे में बताते थे। निश्चित तौर पर एक चिकित्सक के लिए कोई अन्य शक्ति महत्त्वपूर्ण नहीं है, बनिस्बत उसके जो छोटी-छोटी केश नलिकाओं (कैपिलरीज) में भी रक्त को ऊपर पहुँचाती है।

रिकॉर्ड तोड़ने के लिए सजा मिली

सन् 1951 में कैंब्रिज में रहने के बाद अब्दुस सलाम लाहौर के गवर्नमेंट कॉलेज में काम करने स्वदेश लौटे। यहाँ कॉलेज के प्राचार्य सिराजुद्दीन ने उनसे बुरा व्यवहार किया। कारण बहुत मामूली था—सात वर्ष पहले सलाम ने बी.ए. की परीक्षा में सिराजुद्दीन की पत्नी का रिकॉर्ड तोड़ दिया था। सलाम हमेशा हर परीक्षा में अव्वल आते थे।

सलाम की गोपनीय रिपोर्ट में सिराजुद्दीन ने लिखा—सलाम गवर्नमेंट कॉलेज, लाहौर के लिए उपयुक्त नहीं हैं। वे शोधकार्य के लिए श्रेष्ठ व्यक्ति हो सकते हैं, परंतु कॉलेज के लिए नहीं।

❖

स्जिलार्ड, लियो

घर! कोई जरूरत नहीं

हंगेरियाई मूल के अमेरिकी नाभिकीय भौतिकीशास्त्री लियो स्जिलार्ड (1898–1964) ने संयुक्त राज्य अमेरिका में मनहट्टन प्रोजेक्ट की अगुआई और पहल की थी। उन्होंने अपना घर कभी नहीं खरीदा। सारी जिंदगी हॉस्टल्स में रहे। एक बार उन्होंने कहा भी था, 'मैंने कभी घर नहीं बनाया और न ही इसे बनाने की जरूरत महसूस करता हूँ।'

ईश्वर को स्पष्टीकरण

दूसरे विश्वयुद्ध के दौरान नाजी जर्मनी में बन रहे बम के जवाब में नाभिकीय बम बनाने के लिए संयुक्त राज्य अमेरिका में मनहट्टन प्रोजेक्ट की स्थापना की गई थी। इसके बारे में अखबारों में कई विरोधाभासी, विवादास्पद, भ्रामक और गलत रिपोर्ट्स प्रकाशित हुईं। इससे लियो स्जिलार्ड परेशान हो गए, क्योंकि इस प्रोजेक्ट में उनकी केंद्रीय भूमिका थी। कुछ तथ्यों का स्पष्टीकरण करने के लिए उन्होंने अपना संस्मरण 'माई वर्सन ऑफ द फैक्ट्स' सन् 1940 में लिखा और इसे प्रख्यात नाभिकीय भौतिकीविद् हेंस बेथे को दिखाया।

बेथे ने पूछा, 'तुम इस संस्मरण का क्या करना चाहते हो?'

स्जिलार्ड ने जवाब दिया, 'यह संस्मरण प्रकाशन के लिए नहीं है। मैं चाहता हूँ कि ईश्वर इस हकीकत को जाने।'

बेथे ने पूछा, 'क्या तुम नहीं सोचते कि ईश्वर सबकुछ पहले से ही जानता है?'

स्जिलार्ड ने प्रतिवाद किया, 'परंतु वह मेरी बात नहीं जान सकता है।'

❖

हर्शेल, विलियम

संगीत से विज्ञान तक

जर्मन मूल के ब्रिटिश खगोलशास्त्री (1738–1822) को यूरेनस की खोज के लिए जाना जाता है। हर्शेल पक्के तौर पर संगीतकार थे। रात में आसमान की तरफ टेलीस्कोप के जरिए निगाहें करने के पूर्व हर्शेल मशहूर ऑर्गनवादक और

संगीत शिक्षक थे। दरअसल संगीत के सिद्धांत में उनकी रुचि थी, जिसने उनका ध्यान सबसे पहले गणित, फिर प्रकाशिकी (ऑप्टिक्स) और आखिर में खगोलशास्त्र की ओर खींचा।

❖

हाउटरमांस, फ्रिट्ज

प्रेम और सितारा

जर्मनी के गॉटिंजेन में सन् 1929 में दो भौतिकीशास्त्रियों—रॉबर्ट एटकिंसन और फ्रिट्ज हाउटरमांस (1903–1966) ने यह विचार प्रस्तुत किया कि सितारों की ऊर्जा का स्रोत नाभिकीय प्रतिक्रियाएँ हैं। जिस दिन हाउटरमांस ने शोधपत्र लिखा था उस दिन उन्हें लगा कि उन्होंने बहुत काम किया। इसलिए वे शाम को एक सुंदर लड़की के साथ टहलने चले गए। जब अँधेरा छा गया और सितारे अपनी पूरी चमचमाहट के साथ धरती की ओर झाँकने लगे, तो सुंदरी ने कहा, 'ओ! सितारे! कितने सुंदर! कितना चमक रहे हैं! है न प्रिय!' हाउटरमांस खुद को रोक न सके। उन्होंने सीना फुलाते हुए गर्व के साथ फरमाया, 'मुझे कल पता चला कि सितारों को क्या चमकाता है!'

सुंदरी यह नहीं समझ सकी कि फ्रिट्ज ने क्या कहा और न ही विज्ञान में इसके प्रभाव को समझ पाई। हालाँकि वह सुंदरी बाद में हाउटरमांस की पत्नी बनी।

सींखचों के पीछे प्रयोग

एक बार की बात है। सोवियत नौसेना के गुप्त दस्तावेज नाजी जर्मनी को मुहैया कराने के आरोप में सोवियत पुलिस ने फ्रिट्ज हाउटरमांस को कैद कर लिया था। वे कारागार में संख्या सिद्धांत पर काम करने में व्यस्त रहते थे। यही एकमात्र सैद्धांतिक विज्ञान था, जो प्रयोगशाला के बाहर मुमकिन था। चूँकि उनके पास कागज और पेंसिल नहीं थी, इसलिए वे साबुन के टुकड़ों और दीवारों पर खुरचकर अंक लिखते थे। इसी प्रकार उन्होंने कुछ कठिन प्रमेयों को सिद्ध किया।

❖

हॉकिंग, स्टीफन

अतुलनीय हॉकिंग

ब्रिटेन के मशहूर भौतिकीशास्त्री स्टीफन हॉकिंग (1942-) एक ब्रह्मांड विज्ञानी भी हैं। उनके द्वारा लिखित पुस्तक 'ए ब्रीफ हिस्ट्री ऑफ टाइम' की रिकॉर्ड बिक्री दुनिया भर में हुई है। हॉकिंग एक असाध्य बीमारी 'एमायोट्रॉफिक लैटेरल डिजीज' से ग्रसित थे। यह मोटर न्यूरॉन से संबंधित रोग है। बीस वर्ष की आयु में, जिन दिनों वे कैंब्रिज विश्वविद्यालय से पी-एच.डी. कर रहे थे, उन्हीं दिनों पता चला कि हॉकिंग स्नायु संबंधी रोग से ग्रसित हैं। यह रोग मेरुरज्जु की नसों और मस्तिष्क के हिस्सों को दुष्प्रभावित करता है। शुरू-शुरू में वे जूते का फीता भी नहीं बाँध सकते थे। उनकी बोली में लड़खड़ाहट आ गई। उनके उच्चारण अस्पष्ट होने लगे। उनके पाँवों ने काम करना अचानक बंद कर दिया। इन मुश्किलों के बावजूद उन्होंने जूझना जारी रखा। इस प्रकार के व्यक्तियों की जीवन-अवधि छोटी होती है, मानवता के हित में उनके किसी योगदान की बात तो दूर है, मगर दृढ़ इच्छाशक्ति और कड़ी मेहनत के कारण हॉकिंग ने ब्रह्मांड के उद्गम और ब्लैक होल की जानकारियों में व्यापक योगदान किया है। आज भी वे कंप्यूटरीकृत मशीनों की मदद से ब्रह्मांड के रहस्यों से संबंधित शोधकार्यों में लगे हैं।

काले आकाश में धुंधले बिंदु

जिन दिनों, सन् 1962 में, हॉकिंग ने कैंब्रिज विश्वविद्यालय में पी-एच.डी. के लिए आवेदन किया था उन दिनों वे सिर्फ दो ही क्षेत्रों में शोध कर सकते थे—अतिसूक्ष्म का अध्ययन यानी मूल कणों (एलिमेंटरी पार्टिकल्स) का अध्ययन और अतिविशाल का अध्ययन यानी ब्रह्मांड विज्ञान। उन्होंने मूल कणों का अध्ययन चुना। क्यों ? जब वे ऑक्सफोर्ड में स्नातक के छात्र थे तो छुट्टियों में उन्होंने रॉयल ग्रीनविच वेधशाला के एक पाठ्यक्रम में हिस्सा लिया था। उस दौरान उन्होंने टेलीस्कोप से आकाश पर नजर डाली। जब उन्होंने काले आकाश को कुछ धुँधले बिदुओं से भरा देखा तो उनकी रुचि आकाश दर्शनवाले खगोलशास्त्र 'ऑब्जर्वेशनल एस्ट्रोनॉमी' में खत्म हो गई।

❖

हार्डी, गॉडफ्रे हेरॉल्ड

बचपन से नास्तिक

ब्रिटेन के गणितज्ञ जी.एच. हार्डी (1877-1947) बचपन से अनीश्वरवादी थे। एक बार की बात है। कुहरे का मौसम था। हार्डी एक पादरी के साथ टहल रहे थे। पादरी ने ईश्वर की अनुकंपा की तुलना एक पतंग के खिंचाव से की। पादरी ने बताया कि कोहरे की वजह से पतंग नहीं देखा गया। किशोर हार्डी भ्रमित हो गए कि जब हवा नहीं चल रही थी तो पतंग आसमान में कैसे उड़ सकता था?

हॉब्स की कक्षा में

जी. एच. हार्डी क्रिकेट खेल के जबरदस्त दीवाने थे। गणित के अपने शोध-पत्रों में भी क्रिकेट के रूपकों का उपयोग वे करते थे। अन्य गणितज्ञों को यह कौतुक की बात लगती थी। उनके सबसे प्रख्यात प्रमेय को 'हॉब्स की कक्षा में' नाम से जाना गया। और यह कक्षा टॉमस हॉब्स नामक दार्शनिक की नहीं, बल्कि क्रिकेट ख़िलाड़ी जैक हॉब्स की थी।

❖

हॉल्डेन, जॉन बर्डन सैंडरसन

गिनी-पिग वैज्ञानिक

ब्रिटिश मूल के भारतीय जीव वैज्ञानिक और विज्ञान लोकप्रियकर्ता जॉन बर्डन सैंडर्सन हॉल्डेन (1892-1964) जे.बी.एस. के नाम से भी जाने जाते हैं। कई सारे सिद्धांतों और विचारों की जाँच के लिए उन्होंने अपने ऊपर प्रयोग किए। उदाहरणत: उन्होंने हाइड्रोक्लोरिक अम्ल, साधारण नमक और कैलशियम क्लोराइड का घोल पिया तथा कार्बन मोनोऑक्साइड एवं कार्बन डाइऑक्साइड गैस को भी सूँघा। ये आदतें उन्होंने अपने पिता जॉन स्कॉट हॉल्डेन से सीखीं, जो अपने समय के प्रख्यात कायिक विज्ञानी थे। उन्होंने अपने कई प्रयोगों के लिए जे.बी.एस. हॉल्डेन का उपयोग गिनी-पिग की तरह किया था। उनके पिता ने भूमिगत वातावरण में गहरे खदानों के अंदर कई प्रयोगों में भी जे.बी.एस. का इस्तेमाल किया था। जीवन

के बिलकुल ही अंतिम दिनों में हॉल्डेन ने हिंदू धर्म स्वीकार कर लिया था और धोती-कुरता पहनने लगे थे।

कैंसर के बावजूद दुःख नहीं

जे. बी.एस. हॉल्डेन की मौत कैंसर रोग की वजह से हुई थी। जब उन्हें पता चला कि वे कैंसर से पीड़ित हैं तो भी उन्हें कोई दुःख नहीं हुआ, बल्कि उन्होंने इसे भी एक अनुभव की तरह स्वीकार किया। कैंसर की हालत में भी दुःखी होने की बजाय कैंसर पर एक कविता उन्होंने लिख डाली।

उन्होंने प्रथम विश्वयुद्ध में भी भागीदारी की थी। उन्हें ब्रिटिश सेना में सबसे बहादुर, मगर सबसे गंदे अफसर के रूप में बुलाया जाता था। द्वितीय विश्वयुद्ध के दौरान ब्रिटिश नौसेना के लिए उन्होंने पानी के अंदर कई तरह के खतरनाक प्रयोग किए थे।

❖

हिलबर्ट, डेविड

छात्राओं का सभापति

जर्मनी में प्रथम विश्वयुद्ध के पूर्व के दिनों में गणित या विज्ञान पढ़नेवाली छात्राओं को कौतुक की दृष्टि से देखा जाता था। एम्मी नीरद (1882-1935) को बीसवीं सदी के महान् गणितज्ञों में से एक माना जाता है। उन्होंने गणित में एक विचार की शुरुआत की थी। उन्हें जर्मनी के हर विश्वविद्यालय के गणित विभाग में प्रवेश के लिए भारी प्रतिरोध का सामना करना पड़ा था, हालाँकि उस समय के कुछ तेजस्वी गणितज्ञों ने एम्मी नीदर को प्रवेश दिलाने के लिए बहुत संघर्ष किया था। उन समकालीन गणितज्ञों में से एक नाम डेविड हिलबर्ट (1862-1943) था। विश्वविद्यालय की एक सभा के दौरान जब सभी सदस्यों ने फैकल्टी पद के लिए एम्मी के दाखिले का विरोध किया तो हिलबर्ट ने व्यंग्य करते हुए कहा था, 'मीन हेरेन उसके दाखिले के विरोध के लिए अभ्यर्थी पुरुष है या स्त्री, मैं इसे तर्क नहीं मानता। क्योंकि सीनेट कोई सार्वजनिक स्नानघर नहीं है!'

हिलबर्ट महिलाओं की शिक्षा के अधिकार के समर्थक के रूप में विख्यात थे। इस कारणवश लोग उनका उपहास किया करते थे। उनके पचासवें जन्मदिन के मौके

पर 'यूनियन ऑफ वीमेन स्टूडेंट्स' नामक काल्पनिक संस्था का आजीवन सभापति उन्हें बनाया गया था।'

हुमासन, मिल्टन ला सैले

सांयोगिक भूल

आज क्लाइड टॉमबॉ (1906–) को प्लूटो के खोजकर्ता के रूप में जाना जाता है, मगर संयुक्त राज्य अमेरिका के माउंट विल्सन वेधशाला के खगोलविद् मिल्टन ला सैले हुमासन को टॉमबॉ से दस वर्ष पूर्व ही प्लूटो को खोजने का श्रेय मिल जाता, यदि उनकी फोटोग्राफिक प्लेट में एक दोष न होता। उन्होंने उस ग्रह की जो तसवीर ली थी, उसमें ठीक ग्रहवाली जगह पर प्लेट खराब हो गई थी।

हेल, जॉर्ज एलरी

अमेरिकनाइटिस से पीड़ित

अमेरिकी खगोलशास्त्री जॉर्ज एलरी हेल (1868–1938) ने अपने जीवनकाल में कई विशाल टेलीस्कोप बनाए थे। उनमें दो सौ इंचवाला टेलीस्कोप भी शामिल है, जिसका नाम उनके नाम पर हेल टेलीस्कोप रखा गया था। वे सारी जिंदगी कई प्रकार की शारीरिक और स्नायु संबंधी बीमारियों से पीड़ित रहते थे। उन्हें अकसर तेज सिरदर्द, कान और एड़ी का दर्द परेशान करता था। उन्हें भूलने की भी बीमारी थी। अपच की भी शिकायत रहती थी। उन्हें लगता था कि उनका मस्तिष्क नियंत्रण से बाहर हो गया है।

बीमारी के इन लक्षणों को देखकर हेल इसे 'अमेरिकनाइटिस' की संज्ञा देते थे। चूँकि उनका सोचना था कि अति महत्त्वाकांक्षा की प्रवृत्ति अमेरिकियों को अस्वास्थ्यकर स्थितियों की ओर धकेल देती है। हेल हर सुबह इतालवी कविताएँ गाते हुए कई किलोमीटर चलकर माउंट विल्सन तक जाते थे। उनकी एक विचित्र

आदत यह थी कि वे अपने हाथ को पीछे की ओर मोड़कर बाँधे रखकर घंटों आकाश की ओर देखा करते थे। वे कल्पनाशील स्वभाव के व्यक्ति थे। उन्हें अकसर एक परी की उपस्थिति का एहसास होता था, जो उनको वैज्ञानिक और खगोलीय विषयों पर सलाह देती थी। क्या उस परी ने ही उनको विशाल टेलीस्कोप बनाने की सलाह दी थी, जिसे उन्होंने बाद में बनाया था?

❖

हेलमॉण्ट, जॉन बैप्टिस्ट वान

मृत्यु तक घर में नजरबंद

जॉन बैप्टिस्ट वान हेलमॉण्ट (1579-1644) को जैव रसायन (बायोकेमिस्ट्री) का जनक माना जाता है। जॉन मध्य युग के रसायनशास्त्री और चिकित्सा विज्ञानी थे। जब उन्होंने संतों की हड्डियों के औषधीय उपयोग पर टिप्पणी की तो गिरजाघर के लोग उनसे नाराज हो गए और जान के लिए मुश्किलें शुरू हो गईं। पहले उन्हें कैद किया गया और फिर जीवन के अंतिम दस वर्षों तक घर में नजरबंद कर दिया गया था।

❖

हेवीसाइड, ऑलिवर

एक कीड़ा

ब्रिटिश भौतिकशास्त्री ऑलिवर हेवीसाइड (1850-1925) का जन्म झोंपड़पट्टी में हुआ था। उन्होंने कोई औपचारिक शिक्षा प्राप्त नहीं की थी। उन्होंने अपने जीवन में जो एकमात्र नौकरी की, वह टेलीग्राफ लिपिक की थी; परंतु उनके अंदर सीखने और शोध करने की लालसा कूट-कूटकर भरी थी। रोजाना वे अपने आपको एक कमरे में बंद कर लेते और अध्ययन करते तथा गणितीय गणना में डूबे रहते। औपचारिक शिक्षा के अभाव के कारण उन्होंने भौतिकी में गणना करने की अपारंपरिक प्रणाली विकसित की। वह प्रणाली आज भी उपयोग की जाती है, जबकि उनके समकालीनों ने इसका तिरस्कार किया था। उन्होंने आयनमंडल के अस्तित्वमान होने

की भविष्यवाणी की थी।

जब हेवीसाइड प्रतिष्ठित संस्था रॉयल सोसाइटी ऑफ लंदन के फेलो चुने गए तब उनके पड़ोसी इसका महत्त्व नहीं समझते थे, बल्कि मजाक उड़ाते थे। दरअसल वे हेवीसाइड को एक कीड़ा—'बड़ा कीड़ा' समझते थे। चूँकि उनका रहन-सहन अस्त-व्यस्त था। वे अपने कपड़ों और बालों का खयाल नहीं रखते थे। वे सिर्फ अपने नाखूनों का ध्यान रखते थे। उनके नाखून करीने से कटे होते थे और चेरी लाल रंग से रँगे होते थे।